C.H.BECK ■ WISSEN

in der Beck'schen Reihe

W0055782

Die Skythen, so schrieb Herodot im 5. Jahrhundert v. Chr., waren allen anderen Völkern in einer bestimmten Kunst überlegen. Diese bestand darin, daß keiner, den sie verfolgten, ihnen entkommen und keiner sie einholen konnte, wenn sie sich nicht einholen lassen wollten. Dem Vater der Geschichtsschreibung schien jenes Volk gar unüberwindlich: Bauten die Skythen doch weder Städte noch Befestigungsanlagen, sondern lebten vielmehr auf Wagen, führten also ihre Häuser mit sich, schreckten ihre Feinde mit einem Pfeilhagel, den sie ihnen vom Rücken ihrer Pferde entgegensandten, und betrieben keinen Ackerbau, sondern lebten von Viehzucht.

Jene schriftlosen Reiternomaden, die sich im Laufe des 1. Jahrtausends v. Chr. in Südrußland, Vorderasien und bis in den Donauraum hinein zu einer geschichtsmächtigen Kraft entwickelten, ehe sie in hellenistischer Zeit wieder verdrängt wurden, haben bis heute nichts von ihrer Faszinationskraft verloren. Dank intensiver Erforschung ihres reichen archäologischen Erbes, aber auch der vorhandenen antiken Schriftquellen ist es Hermann Parzinger möglich gewesen, in diesem Band ein lebendiges, facettenreiches Bild ihrer Geschichte und Kultur zu entwerfen.

Professor *Hermann Parzinger*, Träger des Leibnizpreises, ist Präsident des Deutschen Archäologischen Instituts und gewählter Präsident der Stiftung Preußischer Kulturbesitz. Er hat sich intensiv der archäologischen Erforschung antiker Reiternomadenvölker, insbesondere der Skythen, gewidmet und zahlreiche einschlägige Publikationen zu diesem Themenkreis vorgelegt.

Hermann Parzinger

DIE SKYTHEN

Verlag C. H. Beck

Für Jimena

Die erste Auflage dieses Buches erschien 2004.

Mit 13 Abbildungen und 3 Karten

2. Auflage. 2007

Originalausgabe
© Verlag C. H. Beck oHG, München 2004
Gesamtherstellung: Druckerei C. H. Beck, Nördlingen
Umschlagmotiv: Goldene Schmuckplatte in Form eines Pferdes
vom Kopfputz eines skythischen Fürsten aus Arzhan in Tuva
Photo: Hermann Parzinger
Umschlagentwurf: Uwe Göbel, München
Printed in Germany
ISBN 978 3 406 50842 4

www.beck.de

Inhalt

Einführung

Seit bald 300 Jahren werden Grabhügel (‹Kurgane›) der Skythen und mit ihnen gleichzeitiger sowie kulturell eng verwandter Reiternomadenstämme zwischen Jenissei im Osten und mittlerer Donau im Westen ausgegraben. Die ersten Funde machten altertumsinteressierte Laien und Universalgelehrte, seit dem späten 19. Jh. aber auch ausgebildete Archäologen, die ihre Geländearbeiten bei stetig fortschreitender Verbesserung der Ausgrabungs- und Auswertungsmethoden durchführen. Reich verzierte Goldobjekte oder tätowierte Mumien lenkten schon früh die Aufmerksamkeit der Öffentlichkeit auf ein frühgeschichtliches Volk, das erstmals wie kaum ein anderes Europa und Asien in einer gemeinsamen Geschichte zu verbinden scheint und dadurch wahrhaft eurasische Dimension erlangt. Mit dem Beginn der Skythenzeit verbinden sich tiefgreifende Veränderungen der Lebens- und Wirtschaftsweise, der Gesellschaftsstruktur, der Kunst und der materiellen Kultur gegenüber den älteren Perioden dieses Raumes, die sich zunächst im ausgehenden 9. Jh. v. Chr. ganz im Osten der eurasischen Steppe, in Südsibirien und an der Peripherie Nordchinas vollziehen und sich anschließend etappenweise nach Westen bis in das Karpatenbecken und nach Schlesien ausbreiten, dabei jedoch weitgehend an den eurasischen Steppengürtel gebunden bleiben. Im frühen 7. Jh. v. Chr. leben Skythen im Nordschwarzmeerraum, wenige Jahrzehnte später erreichen sie dann auch die westlichsten Teile ihres Verbreitungsgebietes. Im Verlaufe des 3. Jh. v. Chr. werden sie von neuen Gruppen, zu denen Hunnen und Sarmaten gehören, verdrängt, und ihre Kultur wird überlagert. Seit dem 2. Jh. v. Chr. sind die Skythen – kleine Restgruppen auf der südlichen Halbinsel Krim ausgenommen – aus der Geschichte verschwunden.

An der nördlichen Schwarzmeerküste begegnen ihnen die Griechen, die dort ab dem frühen 7. Jh. v. Chr. Handelsniederlassungen und Kolonien gründen. Die Griechen schreiben über dieses ihnen ob seiner Gebräuche seltsam erscheinende Volk der Skythen, wobei ihre Berichte teils unmittelbar (Herodot), teils durch jüngere Autoren römischer Zeit überliefert werden. Wir erhalten dadurch Informationen über die Skythen, die mit ausschließlich archäologischen Methoden nicht zu erfahren wären. Dies macht es um so attraktiver, geschichtliche Überlieferung und Ausgrabungsfunde einander gegenüberzustellen und zu vergleichen – eine Aufgabe, der sich jede Gesamtdarstellung der ‹Skythen› widmen muß, und sei der ihr zugemessene Rahmen auch noch so eng.

Die Suche nach den Ursprüngen der ‹Skythen› führt dabei unweigerlich weit nach Osten, bis Mittelasien, Südsibirien und an die nördliche Peripherie Chinas, wo wir allein auf archäologische Quellen angewiesen bleiben, die inzwischen aber immer deutlicher zeigen, wie das, was wir weiter westlich als ‹skythische Kultur› bezeichnen, entstanden ist.

Die Aussagen der antiken Geschichtsschreibung

Die Skythen im Nordschwarzmeerraum

Der Kontakt der Griechen mit den Bewohnern der Nordschwarzmeersteppen reicht weit vor die Gründung griechischer Kolonien seit dem 7. Jh. v. Chr. zurück. Dies zeigen mythische Überlieferungen, in denen immer wieder auch historische Tatsachen verborgen sind. So berichtet beispielsweise die Argonautensage, wie griechische Helden unter Führung von Iason auf einem Schiff namens ‹Argo› Richtung Kolchis – im äußersten Osten des Schwarzen Meeres gelegen – segeln, um das Goldene Vlies zu holen. Danach flüchten sie, von den Kolchern verfolgt, entlang der nördlichen Schwarzmeerküste. Der historische Kern dieser Sage dürfte in den Fahrten griechischer Händler und Piraten entlang der Küsten des Schwarzen Meeres liegen, die mindestens bis in mykenische Zeit zurückreichten. Viel archäologisch Faßbares ist davon nicht geblieben, doch gerade in der heute in Westgeorgien gelegenen Kolchis stieß man auf sogenannte Rapiere, die typische Schwertform mykenischer Krieger aus dem späteren 2. Jt. v. Chr.

Als erste Nachricht über frühe Reiternomaden im nordpontischen Raum – wenn auch ohne ausdrückliche Nennung der ‹Skythen› – gilt die *Ilias* des Homer; darin steht sie am Anfang des 13. Gesanges. Dort wird erzählt, wie Zeus den bei Troja kämpfenden Heeren der Griechen und Trojaner den Rücken zuwendet und den Blick nach Norden schweifen läßt, wobei sein Blick von den rossezüchtenden Thrakern im Balkanraum über die kampferprobten Myser an der unteren Donau bis zu den Bewohnern des Steppenraumes nördlich des Schwarzen Meeres reicht, den «*Hippemolgen und Galaktophagen*», also Stutenmelkern und Milchessern (Ilias XIII 1–6). Was mit diesen Begriffen gemeint ist, wird uns verständlich, wenn wir die Überlieferung des griechischen Geschichtsschreibers Herodot studieren, der seine Aufzeichnungen im 5. Jh. v. Chr. verfaßt hat. Er bringt den Vorgang des Stutenmelkens ausdrücklich mit den Skythen in Verbindung, wenn er schreibt: Während die Stuten gemolken werden, bläst man ihnen mit einem Rohr in die Scheide, um das Euter zur Milchabgabe zu reizen. Die Milch wird in Holzgefäßen von geblendeten Sklaven so lange gerührt, bis sich oben eine (Rahm-)Schicht absetzt, die die Skythen für das Bessere halten, während sie all das, was sich darunter befindet, für minderwertig betrachten. Diese obere Milchschicht erscheint ihnen so wertvoll, daß sie – nach Aussage von Herodot – dafür sogar die Sklaven blenden. Wie Herodot selbst den Begründungszusammenhang zwischen Milchprodukten und Blendung der Sklaven sieht, wird nicht recht klar. Wohl wollten die Skythen damit verhindern, daß die Sklaven die obere Rahmschicht auch nur sehen, um sie erst gar nicht in Versuchung zu bringen, diese dann selbst zu verzehren. Wie in anderen Fällen, so scheint Herodot auch bei dieser Geschichte einer legendenumwobenen Überlieferung aufgesessen zu sein.

Während also Herodot das Stutenmelken explizit mit den Skythen in Zusammenhang bringt, werden sie bei Homer nicht genannt. Dies ist auch nicht weiter verwunderlich, weil während der Zeit, in der die homerischen Epen entstanden (vermutlich in der zweiten Hälfte des 8. Jh. v. Chr.), die Skythen noch gar nicht die Herren der Nordschwarzmeersteppen waren. Die ältesten archäologisch nachweisbaren Hinterlassenschaften der Skythen in diesem Gebiet stammen aus der ersten Hälfte des 7. Jh. v. Chr. Wen könnte Homer also gemeint haben? Diese Frage wurde bereits in der Antike kontrovers diskutiert. So gehen Strabon (1. Jh. v. Chr./1. Jh. n. Chr.) und Poseidonios (2./1. Jh. v. Chr.) davon aus, daß Homer die europäischen Skythen im Blick hatte. Eratosthenes (3. Jh. v. Chr.) und Apollodor (2. Jh. v. Chr.) bestreiten dies freilich. Sie vertreten die Auffassung, Homer habe über keine Kenntnis von fernen Ländern verfügt und folglich die Skythen gar nicht erwähnen können. Sicher trifft es zu, daß Homers geographischer Horizont nicht bis zum Nordufer des Schwarzen Meeres reichte, wie überhaupt seine Kenntnisse über den Pontos auffallend gering sind.

Die Epen Homers werden – wie schon erwähnt – in der Regel in die zweite Hälfte des 8. Jh. v. Chr. datiert; die *Ilias* ist das ältere, die *Odyssee* das jüngere Werk, wobei der zeitliche Entstehungsabstand zwischen beiden kaum mehr als eine Generation betragen haben dürfte. Gerade zu dieser Zeit treten die Kimmerier in den Gesichtskreis der ionischen Städte an der Westküste Kleinasiens, während sich die Skythen im nordwestlichen Iran aufhalten. Folglich ist es denkbar, daß Homer die Skythen gar nicht kennt und mit seinen «Stutenmelkern» in der Tat die Kimmerier meint, zumal er diese in der *Odyssee* auch bereits namentlich erwähnt (XI 14). Selbst Strabons Überlieferung bietet für diese Interpretation letztlich gewichtige Argumente, denn ihm zufolge soll der Zug der Kimmerier bis nach Ionien zur Zeit Homers oder kurz zuvor stattgefunden haben (III 2,12). Auch Paulus Orosius (5. Jh. n. Chr.) datiert den verheerenden Einfall der Kimmerier und Amazonen nach Kleinasien 30 Jahre nach der Gründung Roms, die der Legende nach auf 753 v. Chr. datiert wird (Historia adversus paganos I 21,1–2). Ein entscheidender Hinweis zur Identifizierung der Stutenmelker mit den Kimmeriern findet sich im Hymnos des

Kallimachos (4./3. Jh. v. Chr.) (III 252 f.), in dem Lygdamis erwähnt wird, der mit dem «*Heer der Stutenmelker der Kimmerier*» Ephesos angegriffen hat. Homer mußte demnach die Kimmerier kennen, er war ihr Zeitgenosse.

Die früheste ausdrückliche Erwähnung der Skythen in griechischen Quellen verdanken wir Hesiod (8./7. Jh. v. Chr.), der sie ebenfalls als «*Stutenmelker*» bezeichnet, sie jedoch nicht direkt mit dem Nordschwarzmeerraum in Verbindung bringt.

Im 7. Jh. v. Chr. gründeten ionische Griechen von ihren Mutterstädten im Westen Kleinasiens aus erste Kolonien an der nördlichen Schwarzmeerküste. Gesichert ist dies durch Ausgrabungen für Berezan' bei Olbia, nahe den Mündungen von Südlichem Bug (Hypanis) und Dnepr (Borysthenes) in das Schwarze Meer. Auch Taganrog, weiter östlich am Nordufer des Asovschen Meeres gelegen, könnte eine solche Gründung sein; dort haben zwar noch keine Untersuchungen stattgefunden, doch das Meer spült immer wieder frühe ionische Keramik an Land, die auf eine frühe Ansiedlung, wahrscheinlich in der Flachwasserzone unmittelbar vor dem heutigen Ufersaum, schließen läßt. Spätestens seit dieser Zeit unterhalten die Griechen engeren Kontakt mit den Bewohnern des nördlichen Schwarzmeergebietes, und das Interesse von griechischen Siedlern und Kaufleuten an dem neu erworbenen Land und dessen Leuten nimmt zu. Das griechische Blickfeld erweitert sich zum Steppenraum hin. Ein Indiz dafür ist die Tatsache, daß der Philosoph Anaximander von Milet (7./6. Jh. v. Chr.) dessen Randbereich in seine Erdkarte aufnimmt. Auch in der Literatur dieser Zeit finden sich Hinweise auf entsprechende Kulturkontakte. So schreiben gegen Ende des 7. und zu Beginn des 6. Jh. v. Chr. griechische Dichter dieser Epoche über die fernen Gestade des Schwarzen Meeres und das herrliche Binnenland nördlich davon. In einem Vers des Lyrikers Alkaios von Mytilene auf Lesbos ist von der Weißen Insel des Achilleus die Rede, der ein Herrscher Skythiens gewesen sein soll. Der ebenfalls von Lesbos stammende, dann aber in Sparta wirkende Alkman erwähnt in seinen Hymnen einige den Skythen benachbarte Stämme und den Namen Kolaxais, einen ihrer er-

sten mythischen Könige. Auch bei Sappho stoßen wir vereinzelt auf Mitteilungen über die Skythen.

Das Gedicht des Aristeas von Prokonnesos über die einäugigen Arimaspen ist eine der wichtigsten Quellen über den Ursprung der Skythen. Es erzählt von der Reise des Verfassers zu
weit im Osten des Ural-Gebirges ansässigen Stämmen. Bedauerlicherweise sind nur kleine Fragmente dieses Gedichtes erhalten, die von späteren Autoren überliefert werden. Bei Herodot
lesen wir, daß Aristeas 240 Jahre vor ihm lebte (IV 15), was ins
7. Jh. v. Chr. weist. Einen weiteren Hinweis liefert Aristeas
selbst: So schreibt er, daß er bei der Rückkehr von der Reise
seine Heimatstadt Prokonnesos nach dem Kimmeriereinfall in
Trümmern vorfindet. Die Züge der Kimmerier nach Kleinasien
dürfen jedoch nach Ausweis archäologischer Funde wie schriftlicher Nachrichten spätestens im frühen 7. Jh. v. Chr. erfolgt
sein. Dies deckt sich mit der Nachricht Strabons, der zufolge die
Kimmeriereinfälle nach Phrygien, Lydien, Mysien und Ionien
«*in der Zeit Homers*» stattfanden (I 2,9; 3,21; III 2,12).

Aristeas erzählt, wie er zu den Issedonen gelangt und von diesen über die sagenhaften einäugigen Arimaspen, die Gold hü-
tenden Greifen und die hinter letzteren wohnenden Hyperboreer erfährt. Unter Hinweis auf Aristeas teilt Herodot mit, daß
alle diese Völker, mit Ausnahme der Hyperboreer, ständig Krieg
mit ihren Nachbarn führten. Dabei hätten die Arimaspen die Issedonen, diese die Skythen und diese wiederum die «*am Süd-
meer lebenden*» Kimmerier vertrieben (IV 13,2). Die Hyperboreer bringt man gerne mit dem Nordmeer (Eismeer) als
ihrem ursprünglichen Siedlungsgebiet in Verbindung, das Süd-
meer wird dagegen mit dem Schwarzen Meer gleichgesetzt, an
dessen Nordküste in der Folgezeit die Kimmerier ansässig gewesen seien. Da die Überlieferung des Aristeas von ganz besonderer Bedeutung für die Völkerschaften östlich des Ural-Gebirges
ist, werden wir an späterer Stelle noch einmal ausführlicher auf
dessen Werk zurückzukommen haben (s. S. 25 ff.).

Die Vorstellung von im Osten lebenden, asiatischen Skythen
ist seit alters geläufig. Eine besondere Rolle bei dieser Lokalisierung spielt dabei die Überlieferung des Hekataios von Milet.

Nach den erhaltenen Fragmenten seiner *Erdbeschreibung* aus dem späten 6. bzw. frühen 5. Jh. v. Chr. sind der Kaukasus, das Kaukasusvorland und das Donaugebiet skythisch. Die Grenze zwischen Europa und Asien zieht er am Hypanis (Kuban). In seiner Beschreibung Asiens zählt er eine Reihe von Völkern auf, die im Raum zwischen Hyrkanischem (Kaspischem) Meer und Indien leben, und zwar von Westen nach Osten: Myker (am Araxes), Katanner und Hyrkanier (am Kaspischen Meer), dann die Parther, die Chorasmier, die Baktrier und die Gandarer in Nordindien. Daneben finden sich Hinweise dafür, daß Hekataios die östlichen Skythen als Nachbarn der Inder sieht. Andere Quellen erwähnen die östlichen Skythen im Umfeld von Baktrien und Nordindien; zwar sind diese überwiegend jüngeren Datums, nehmen aber wohl auf ältere Texte Bezug.

Als wichtigste Quelle über die Skythen gilt die Überlieferung Herodots von Halikarnassos (etwa 484–425 v. Chr.), mit dem die griechische Historiographie – wie auch die Geschichtsschreibung überhaupt – beginnt. An verschiedenen Stellen seines Werkes über die Perserkriege, besonders aber in Buch IV im Zusammenhang mit dem Feldzug des Dareios 515/514 v. Chr. nach Skythien, geht er auf die Geographie und die Grenzen dieses Landes, auf den Ursprung der Skythen sowie auf ihre Sitten und Religion ein. Deshalb werden wir im folgenden immer wieder auf ihn zurückkommen. Er beschreibt auch die weiter im Norden und Nordosten ansässigen Völkerschaften und attestiert ihnen eine den Skythen ähnliche Lebensweise, aber auch eine abweichende Sprache, weshalb er ihre Siedlungsräume nicht mehr zu ‹Skythien› im eigentlichen Sinn schlägt. Zudem gibt sein Werk Auskunft über die Frühgeschichte der Skythen, ihren Einfall in das Reich der Kimmerier, die sie nach Vorderasien verfolgen, sowie über ihre Züge im Nahen Osten, die sie gegen Ende des 7. und am Anfang des 6. Jh. v. Chr. bis vor die Tore Ägyptens führen.

Seine Überlieferung bietet viele Hinweise zum Verständnis der Beziehungen zwischen Griechen und Skythen. So erzählt Herodot (IV 33 ff.), daß noch zu seiner Zeit in Weizenstroh gefüllte Opfergaben der im fernen Nordosten vermuteten Hyperboreer alljährlich nach Delos, in das Heiligtum des Apollon und seiner Schwester Artemis, gebracht werden. Dabei ist der Weg dieser Gaben bemerkenswert: Angeblich bringen sie die Hyperboreer nur bis zu den Skythen, die sie dann aber nicht etwa an die griechischen Kolonien an der Nordschwarzmeerküste weitergeben, sondern an die Thraker, einen ihrer Nachbarstämme an der unteren Donau. Von den Thrakern gelangen diese Weihegaben dann bis an die Küste der Adria und weiter in das alte Heiligtum von Dodona in Epirus im heutigen Nordwestgriechenland, um von dort erst den Weg zunächst zu Lande und danach zu Wasser bis Delos zu finden. Herodot beschreibt hier offenbar einen sehr alten Kultweg, der in eine Zeit zurückzureichen scheint, als noch keine griechischen Pflanzstädte (Kolonien) an der nordpontischen Küste existierten. Dies wiederum würde bedeuten, daß die Tradition der Übersendung von Opfergaben aus der nordpontischen Steppe und aus möglicherweise sogar noch weiter entfernteren Gebieten bis nach Delos in die Zeit vor dem 7. Jh. v. Chr. zurückreicht, als sich die Griechen noch nicht an der Nordschwarzmeerküste niedergelassen hatten.

In der Folgezeit werden Skythien und die Skythen immer wieder von verschiedenen Geschichtsschreibern erwähnt, wenngleich diese Werke vielfach verloren oder nur in Bruchstücken überliefert sind und auch dadurch heute kaum mehr an die Bedeutung des Werkes Herodots für eine Rekonstruktion der skythischen Welt heranreichen. So blieb das Werk *Skythisches* von Hellanikos von Mytilene auf Lesbos, eines Zeitgenossen von Herodot und Thukydides, nur in spärlichen, wenngleich wichtigen Fragmenten erhalten. Hellanikos erwähnt nicht nur das europäische Skythien, sondern auch das jenseits des Dons, und er dehnt damit als erster den geographischen Raum, der mit diesem Begriff bezeichnet wird, weiter nach Osten aus. Außerdem schreibt er den Skythen die Erfindung des Eisens zu und idealisiert erstmals auch ihre Sitten und Gebräuche.

Eine wichtige Quelle für die Erforschung der skythischen Geschichte ist ferner das in vielerlei Hinsicht eigenständige Werk *Über Luft, Wasser und Ortslagen* des Hippokrates (460–377 v. Chr.). Darin erzählt er über Lebensweise und Aussehen der

Kolcher, Skythen und Sauromaten und stellt einen Zusammenhang zwischen ihrem physischen Aussehen und der Natur ihrer jeweiligen Siedlungsgebiete her. Ferner liefert er etliche Details, die über die Angaben Herodots hinausgehen. Ausführlich und sehr anschaulich schildert er die Weidegründe der Skythen; die Sauromaten lokalisiert er bereits am rechten Ufer des Tanais (Don).

In den Tragödien der drei klassischen Tragiker Aischylos, Sophokles und Euripides finden sich immer wieder Hinweise auf die Skythen. Aischylos (525–456 v. Chr.) lokalisiert in seinem *Gefesselten Prometheus* die Skythen im Asovschen Gebiet. Den Kaukasus bezeichnet er als *Skythischen Weg*, d. h. als den Weg ihrer Kriegszüge, nicht aber als ihr Siedlungsgebiet. Sophokles (496–406 v. Chr.) verarbeitet die Argonautensage in seinen Tragödien, und Euripides (480–406 v. Chr.) behandelt in seiner Tragödie *Iphigenie auf Tauris* die Sitten und Gebräuche der auf der Krim ansässigen Taurer. In den Komödien des Aristophanes (450–385 v. Chr.) kommen verschiedentlich Bemerkungen über die skythische, mit Pfeil und Bogen bewaffnete Polizei in Athen vor. Auch Pindar (522–442 v. Chr.) und einige andere Schriftsteller des 5. Jh. v. Chr. vermitteln viele glaubwürdige Fakten – freilich auch so manche Legende – über die Skythen. Dies gilt auch für Thukydides (470–400 v. Chr.) – eine der zentralen Persönlichkeiten der griechischen Historiographie –, wenngleich er sich den Skythen und Skythien nicht so ausführlich widmet wie Herodot. So vergleicht er z. B. die militärische Stärke der Odrysen mit jener der Skythen. Ausführlich schildert er ferner die Kriege um jene Teile der Schwarzmeerküste, die u. a. für den Transport des aus dem Nordschwarzmeerraum importierten Getreides eine entscheidende Rolle spielten.

In den folgenden Jahren bis zu den Kriegen der Makedonenkönige Philipp und Alexander ist ein deutlicher Rückgang im Informationsfluß über die Skythen zu bemerken. Der Historiker und Ethnograph Ephoros (405–330 v. Chr.) ist bedauerlicherweise nur aus Fragmenten bei späteren Schriftstellern, so z. B. bei Strabon, überliefert. Obwohl er die Skythen idealisiert, sind seine Beschreibungen ihres Territoriums und sein Vergleich ihrer Sitten mit jenen der Sauromaten aufschlußreich. In einem Werk, das irrtümlich Skylax von Karyanda (Pseudo-Skylax), dem Hofgeographen Dareios' I. (6./5. Jh. v. Chr.), zugeschrieben wird, werden die Küsten des Schwarzen Meeres ausführlich beschrieben, wobei auch hier gesagt wird, daß die Sauromaten rechts des Tanais (Don) leben. Theopompos (4. Jh. v. Chr.) schildert in einer Abhandlung über die Kriege des Makedonenkönigs Philipp II. auch dessen Kampf mit Atheas, der Skythien geeint haben soll, und teilt dabei viele Einzelheiten über die Skythen mit, auf die sich etliche spätere griechische und römische Geschichtsschreiber stützen. In den Werken von Lysias, Isokrates, Aischines oder Demosthenes aus dem späten 5. und 4. Jh. v. Chr. wird das Schwarze Meer oft erwähnt, aber meist in Verbindung mit den Getreideimporten aus dem Bosporanischen Reich, während von den Skythen stets nur beiläufig die Rede ist. Berücksichtigen wir die Tatsache, daß genau in jener Zeit auch etliche griechische Objekte, darunter z. B. attische Keramik und Amphoren, in die Gräber von Angehörigen der skythischen Oberschicht gelangen, so dürfte ein guter Teil dieses Getreides wohl aus Skythien stammen.

Im Zusammenhang mit den Feldzügen Alexanders des Großen werden gegen Ende des 4. Jh. v. Chr. auch die Nachrichten über die Skythen wieder zahlreicher. Eine besondere Rolle kommt in diesem Zusammenhang den Erinnerungen des Ptolemaios Lagos und seinen Zeitgenossen zu, die von späteren Autoren übernommen werden, so z. B. von Strabon und Arrian. Berichte über den Thrakerkönig Lysimachos und seinen Kampf gegen die Skythen finden sich bei Strabon und Plutarch nach Quellen jener Zeit. Seit dem zweiten Viertel des 3. Jh. v. Chr. gehen die Hinweise auf Skythien wieder stark zurück, was mit der Tatsache korrespondiert, daß spätestens im Verlauf der zweiten Hälfte des 3. Jh. v. Chr. auch die skythische Kultur im Nordschwarzmeerraum verschwindet. Die Skythen werden von den aus dem Osten kommenden Sarmaten verdrängt, deren archäologisch faßbare Kultur ab dem 2. Jh. v. Chr. in den Nordschwarzmeersteppen deutlich in Erscheinung tritt. Lediglich in einem eng begrenzten Gebiet auf der südlichen Krim finden sich noch skythische Restgruppen, die – in jeder Hinsicht stark hellenisiert – noch einige Jahrhunderte fortbestehen, ehe auch sie in jüngeren Stammesverbänden aufgehen.

Alle Nachrichten über die Skythen, die nach dem 2. Jh. v. Chr. entstanden, sind damit nicht mehr zeitgenössisch. Zwar verschwinden die Skythen nicht aus den Quellen, doch stützen sich die jeweiligen Autoren auf ältere Berichte. Leider ist das Werk des in dieser Zeit lebenden Geographen Demetrios von Kallatis weitgehend verschollen; diese Stadt lag in der heutigen Dobrudscha, also in direkter Nachbarschaft zum nordpontischen Steppenraum, so daß der Bericht eines ihrer Einwohner für die Geschichte und Kultur der Skythen von besonderer Informationskraft wäre. Auf ihn beruft sich jedoch Pseudo-Skymnos, der an der Wende vom 2. zum 1. Jh. v. Chr. ein kurzes Lehrgedicht über die Geographie verfaßt, das auch vereinzelte Mitteilungen über die Skythen enthält. In Verbindung mit den Kriegen des Königs von Pontos, Mithridates VI. – dem gefährlichen Gegenspieler Roms im Osten –, steigt das Interesse an den Skythen erneut an. Die bei Poseidonios und Apollonides vorhandenen Nachrichten über dessen Kriege werden später von Strabon verarbeitet; dank seiner Überlieferung sind uns auch Einzelheiten der Kämpfe der Skythenkönige Skiluros und Palakos gegen Diophantos, den Feldherrn Mithridates' VI., bekannt. Seit dem 2. Jh. v. Chr. berichten die Autoren jedoch deutlich mehr über die Sarmaten, die seit dieser Zeit den Nordschwarzmeerraum beherrschen, während über die Skythen vielfach nur noch veraltete und phantastische Angaben wiederholt werden.

Eine wichtige Quelle zur Geographie und Geschichte Skythiens sind die Werke des Strabon (etwa 63 v. Chr.–23 n. Chr.), obwohl er deutlich später schreibt. Wenn er auch ständig den Begriff Skythen zur Bezeichnung der Sarmaten verwendet, so scheinen in seinen Berichten doch ältere Nachrichten über die Skythen von Herodot, Ephoros, Hekataios und Homer deutlich durch. Aufschlußreich dabei ist, daß Strabon in einigen Fällen andere Autoren der Überlieferung Herodots vorzieht, beispielsweise bei der Beschreibung der Handelswege durch Skythien oder bei der Schilderung der Kriegszüge der Kimmerier und

Skythen nach Vorderasien. Hinsichtlich der Vorgänge im Zusammenhang mit den Mithridatischen Kriegen bleibt Strabon unbestritten die kompetenteste Quelle.

Auch bei etlichen anderen Autoren der römischen Kaiserzeit werden in Exkursen immer wieder Skythen erwähnt, wobei mit diesem Begriff tatsächlich die Sarmaten gemeint sind. Pompeius Trogus, ein Zeitgenosse von Livius und Strabon, sammelt Nachrichten über die Kriege der Makedonenkönige Philipp und Alexander sowie des Mithridates gegen die Skythen, doch sind uns seine Angaben nur durch die Nacherzählungen von Iustinus aus der zweiten Hälfte des 3. Jh. n. Chr. und von Orosius aus noch späterer Zeit (4.–5. Jh.) bekannt. Bei Plinius dem Älteren (23–79 n. Chr.) finden sich – trotz etlicher Ungenauigkeiten und offensichtlicher Fehler in seinen geographischen Exkursen – auch neue Nachrichten über Stämme Skythiens aus der Zeit Herodots, die bei diesem nicht erwähnt sind. Claudius Ptolemaios liefert ein wohl altes, aber ergänztes Verzeichnis der Flüsse, Städte und Stämme Skythiens und behandelt dessen Geschichte vor der Zeit des Mithridates. Lukanios von Samosata, Polyaenus und andere Autoren wiederholen in ihren Schilderungen über Skythien und die Skythen in erster Linie die Nachrichten aus der Zeit des Hellenismus und davor, bieten aber dennoch so manche wichtige Ergänzung. Zwar haben auch die Chronisten und Schriftsteller aus Olbia, Chersonesos und dem Bosporanischen Reich vieles mitgeteilt, aber ihre Schriften sind nicht erhalten, sondern nur als gelegentliche Zitate in der griechischen und römischen Literatur auf uns gekommen, ohne daß sie jedoch unser Geschichtsbild wirkungsvoll hätten ergänzen oder korrigieren können.

Die antiken Quellen, welcher Art auch immer, berichten insgesamt weit mehr über die Griechen und ihre Pflanzstädte an der nordpontischen Küste als über die Skythen selbst. Was wir dabei über die Skythen erfahren, ist oftmals nur beiläufig Erwähntes. Die Schwarzmeergriechen bewahren jedoch eine gewisse Eigenständigkeit gegenüber den kleinasiatischen Griechen und denen des griechischen Festlandes. Sie haben eigene Geographen, z. B. Demetrios von Kallatis, eigene Philosophen, wie

Boin aus Olbia und Stratonikos aus Pantikapaion, sowie eigene
Historiker, wie etwa Syriskos von Chersonesos. Sicher enthielten diese Werke noch viel mehr Informationen über die Steppenbewohner, mit denen die Griechen der Schwarzmeerkolo-
nien in engstem Konakt lebten, doch gingen sie fast vollständig
verloren. Dennoch sind die Fragmente der Chroniken aus Chersonesos und aus dem Bosporanischen Reich etwa für Theopompos und Diodoros noch wichtige Quellen. Bei den Einwohnern
Olbias lernt Herodot die Epen der Skythen sowie deren Sitten
und Gebräuche kennen. Diese zumeist unbekannt gebliebenen
Bewohner der griechischen Schwarzmeerstädte sind es, die die
Kunde vom nordpontischen Gebiet und ihren Bewohnern bis
nach Ionien und auf das griechische Festland verbreiten und damit die schriftliche Überlieferung über die Skythen begründen,
wenngleich die Kontakte mit der Nordschwarzmeerregion und
die wohl in erster Linie mündlich tradierten Nachrichten darüber zweifellos in wesentlich ältere Zeit zurückreichen dürften,
wie nicht nur archäologische Funde belegen, sondern auch der
von Herodot geschilderte Weg der hyperboreeischen Weihegaben nach Delos nahelegt (s. S. 12 f.).

Die Skythen im Vorderen Orient

Die frühen Reiternomaden des eurasischen Steppenraumes
spielen zeitweise eine nicht unwichtige Rolle in den Auseinandersetzungen vorderasiatischer Staaten im 1. Jt. v. Chr., weshalb sie auch in der dortigen Überlieferung Erwähnung finden.
Grundsätzlich ist dabei aber zwischen Skythen und den mit
ihnen verwandten Kimmeriern zu unterscheiden. In beiden Fällen handelt es sich um Verbände von Reiterkriegern, deren archäologisch faßbare Kultur jedoch größte Übereinstimmungen
aufweist.

Zum ersten Mal werden die Gimirrai-Kimmerier in den
assyrischen Quellen des siebten Regierungsjahres Sargons II.
(721–705 v. Chr.) als Gegner des Reiches von Urartu in Armenien erwähnt, dessen König Rusa sich aus Verzweiflung über
die Niederlage den Tod gibt. Die Assyrer hatten ihrerseits das

geschwächte Urartu mit Erfolg angegriffen. Auch unter Sargons Nachfolger Sanherib (704–681 v. Chr.) schlagen die Eindringlinge aus dem nördlichen Schwarzmeergebiet erneut ein urartäisches Aufgebot. Im Jahre 677 v. Chr. besiegt der Assyrerkönig Asarhaddon (681–669 v. Chr.) den Kimmerierfürsten Teušpa *«aus dem fernen Land»* im südlichen Kappadokien, also im kleinasiatischen Grenzgebiet Assyriens. Unter seinem Nachfolger Assurbanipal (669–626 v. Chr.) fällt der Lyderkönig Gyges 652 v. Chr. in der Schlacht gegen die Kimmerier. Der assyrische Bericht darüber deckt sich mit den griechischen Nachrichten über die Verheerung der ionischen Städte an der Westküste Kleinasiens durch die Kimmerier, worauf wir noch zurückkommen werden. Sie erobern Sardes, zerstören Magnesia am Mäander und brandschatzen den außerhalb der Stadt gelegenen Artemis-Tempel von Ephesos. Assurbanipal schlägt das kimmerische Heer unter seinem Führer Tugdamme, der *«Ausgeburt der Hölle»*. Endgültig gebannt ist die kimmerische Gefahr jedoch erst durch den Sieg des Lyderkönigs Alyattes gegen Ende des 7. Jh. v. Chr. Kimmerische Restgruppen ziehen sich daraufhin in die nordanatolischen Gebirgsregionen um Sinope zurück.

Die Bedrohung Kleinasiens durch die Kimmerier wird vom Einfall der Iškuzai begleitet, die man aufgrund der Namensähnlichkeit mit den Skythen der griechischen Überlieferung gleichsetzt. Die Skythen vertreiben angeblich die Kimmerier aus ihren Wohnsitzen im Nordschwarzmeerraum und verfolgen sie über den Paß von Derbend im heutigen Daghestan entlang des Kaspischen Meeres, überschreiten den Kaukasus und dringen dabei nicht nur bis auf urartäisches Gebiet vor, sondern wenden sich von dort aus nach Südosten auf nordwestiranisches Territorium. Dieser Vorstoß bewirkt letztlich endgültig den Untergang des Reiches von Urartu und bedroht darüber hinaus Assyrien und die medischen Gebiete östlich davon.

Die Bedeutung der Skythen in Vorderasien verdeutlichen assyrische Annalen. So muß sich der Assyrerkönig Asarhaddon in seiner Bedrängnis durch Kimmerier und Meder dazu entschließen, seine Tochter dem Skythenfürsten Bartatua zur Frau zu geben. Was kann die militärische Stärke der Skythen jener Zeit in

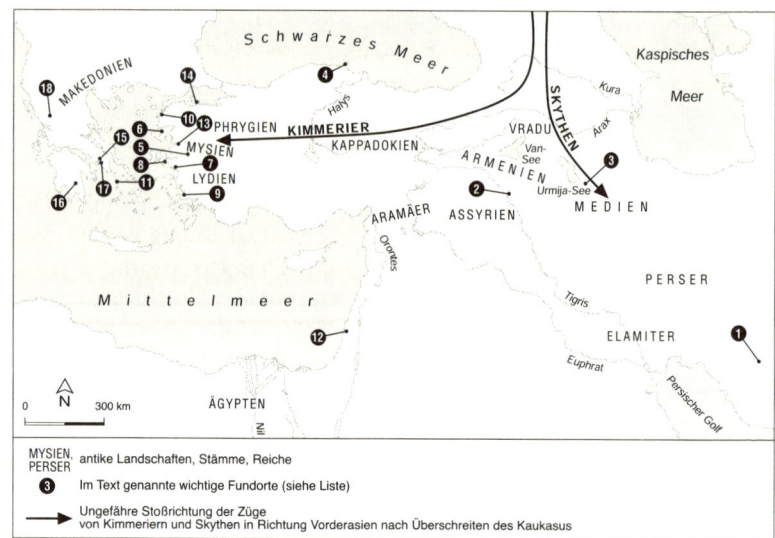

Vorderasien

Bezeichnungen in der Karte: *Flüsse und Gewässer:* Mittelmeer, Schwarzes Meer, Kaspisches Meer, Persischer Golf, Nil, Halys, Orontes, Euphrat, Tigris, Arax, Kura, Van-See, Urmija-See. *Antike Landschaften, Stämme und Reiche:* Makedonien, Phrygien, Mysien, Lydien, Kappadokien, Armenien, Urartu, Medien, Perser, Elamiter, Assyrien, Aramäer, Ägypten.

Im Text genannte wichtige Fundorte: 1 Persepolis, 2 Ninive, 3 Ziwiyeh, 4 Sinope, 5 Sardes, 6 Mytilene auf Lesbos, 7 Milet, 8 Ephesos, 9 Halikarnassos, 10 Troja, 11 Delos, 12 Askalon, 13 Magnesia am Mäander, 14 Prokonnessos, 15 Athen, 16 Sparta, 17 Salamis, 18 Dodona.

Vorderasien besser zum Ausdruck bringen als die Tatsache, daß sich der König der Assyrer zum Schwiegervater ihres Anführers macht? Auch Assurbanipal versichert sich im Kampf gegen Kimmerier und Meder der Freundschaft der Skythen und schlägt mit ihrer Hilfe den Mederkönig Phraortes. Als dessen Sohn und Nachfolger Kyaxares dem Assyrerkönig Sinšarriškun (626–612 v. Chr.) eine Niederlage beibringt, kommt ihm ein skythisches Heer unter der Führung des Madyas, eines Sohnes der Bartatua, zu Hilfe. Doch schon in den Jahren zuvor ziehen die Skythen bis Palästina und an die Grenze Ägyptens, wo es dem Pharao Psammetich I. (664–610 v. Chr.) gelingt, sie mit Geschenken und diplomatischer Überredungskunst zum Abzug zu bewegen; das dürfte um 626 v. Chr. gewesen sein (I 105). Auf dem Rückmarsch plündern die Skythen das Aphrodite-Heiligtum von Askalon und ziehen marodierend und plündernd durch Palästina. Von diesen Ereignissen zeugen auch die Nachrichten des Propheten Jeremias, der von einem «*Volk der Mitternacht*» mit berittenen Bogenschützen und Lanzenreitern spricht. Diese umherschweifenden Reiterkrieger verbreiten im späteren 7. Jh. v. Chr. in weiten Teilen Vorderasiens Angst und Schrecken. Dabei steht man ihnen weitgehend machtlos gegenüber, nicht zuletzt, weil die damaligen Reiche der Region nicht über die entsprechend ausgerüsteten militärischen Kontingente verfügen, mit denen es hätte gelingen können, diesen beweglichen und damit schwer zu fassenden Gegner zu stellen und zu schlagen.

Nach Herodot sollen die Skythen vor dem Fall der assyrischen Hauptstadt Ninive im Jahre 612 v. Chr. 28 Jahre lang Herren Vorderasiens gewesen sein (I 106). Aber 616 v. Chr. besiegt Kyaxares, König der Meder, die skythische Hauptmacht. Damit sind aber nicht alle skythischen Kräfte in Vorderasien vernichtet, denn Herodot berichtet (I 73), daß einige skythische Nomaden sich bittflehend an Kyaxares wenden und von diesem zunächst auch freundlich aufgenommen werden. Er überläßt ihnen sogar seine Söhne, damit sie die skythische Sprache und die Kunst des Bogenschießens lernen; im Gebrauch dieser Waffe empfinden die Meder die Skythen also ganz offensichtlich als

überlegen. Zudem sind die am Hofe des Kyaxares anwesenden
Skythen – leidenschaftliche Jäger – damit befaßt, den medischen
Hof regelmäßig mit Wildbret zu versorgen. Darf man Herodot
glauben, so versagen sie eines Tages in ihren Jagdpflichten, und
als sie daraufhin von Kyaxares unwürdig behandelt werden, er-
morden sie aus Rache für diese Kränkung einen seiner Söhne
und überbringen ihn dem Mederkönig als Wildbret zubereitet.
Da diese Geschichte ein altes Wandermotiv enthält, das zahlreiche Mythen schmückt, ist freilich größte Vorsicht angezeigt.
Herodot erzählt weiter, daß daraufhin die Skythen zum Lyderkönig Alyattes fliehen, der sie – trotz scharfer Drohungen der
Meder – nicht an Kyaxares ausliefert. Dies führt zum Krieg zwischen Medern und Lydern, der 585 v. Chr. endet.

Spätestens seit dem frühen 6. Jh. v. Chr. strömen die den Medern entronnenen skythischen Kräfte über den Kaukasus wieder in den nordpontischen Steppenraum zurück; als Machtfaktor im Kräftespiel der altorientalischen Staaten spielen sie danach keine Rolle mehr. Auf ihrem Rückzug versetzen sie um
585 v. Chr. dem Urartäerreich unter Rusa III. endgültig den To-
desstoß.

In der persischen Überlieferung werden die Skythen oft als
Saka bezeichnet, ein Name, den die Griechen für die nordirani-
schen, ebenfalls reiternomadischer Lebensweise verpflichteten
Stämme nördlich des Syr-Dar'ja (Jaxartes) in Mittelasien verwenden. Es ist nicht ausgeschlossen, daß sakische Gruppen am
Skytheneinfall in Vorderasien beteiligt sind, doch genau wissen
wir es nicht, weil eine sichere Unterscheidung dieser Gruppen
problematisch ist. Die Perser unterscheiden die Skythen als Saken jenseits des Schwarzen und des Kaspischen Meeres von den
spitze Mützen tragenden Saken (*tigrachauda*) und den Haoma –
eine heil- und zauberkräftige Pflanze mit berauschender Wirkung – essenden Stämmen (*haomavarga*), die die Griechen
amyrgische Saken nennen (Herodot VII 64).

Mit diesen sakischen Verbänden nördlich von Amu-Dar'ja
(Oxus) und Syr-Dar'ja (Jaxartes) im heutigen Uzbekistan und
Kazachstan kommen bereits die Meder in Kontakt. Das persi-
sche Königshaus der Achaimeniden sichert unter Kyros dem

Großen (559–528 v. Chr.) sein Reich gegen die Saken, unter Dareios dem Großen (552–486 v. Chr.) gelingt es sogar, sie tributpflichtig zu machen, wenngleich die Herrschaft über sie nicht allzu lange Bestand hat. Abgesandten der Saken begegnen wir auf den Reliefs der Achaimenidenhauptstadt Persepolis, wobei sie anläßlich des Neujahrsempfangs des persischen Großkönigs ihm Gaben darbringen. Der Versuch Dareios' des Großen, im Jahre 512 v. Chr. vom thrakischen Balkan-Donauraum her auch das skythische Gebiet nördlich des Schwarzen Meeres zu erobern, schlägt hingegen fehl. Die Saken Mittelasiens jedenfalls bilden ein wichtiges Bindeglied zwischen dem Perserreich und dem nordöstlich anschließenden Steppenraum, der auf diese Weise mit dem reichen altorientalischen Erbe der Achaimeniden in Berührung kommt.

Die Unterscheidung und Verwendung der Begriffe Kimmerier, Saken und Skythen ist jedoch in der altorientalischen Überlieferung nicht immer völlig eindeutig. So gibt es spätbabylonische Texte, deren Autoren den Namen Kimmerier für Saken wie für Skythen verwenden. Ähnliches gilt für achaimenidische Königsinschriften, die gleichzeitig in Persisch und Akkadisch sowie in anderen Sprachen (Elamisch, Aramäisch) verfaßt sind; in ihnen entspricht regelmäßig das akkadische Wort *Gimirrai* dem persischen Begriff *Saka*, das dem Kontext nach nicht nur die mittelasiatischen Saken, sondern auch die nordpontischen Skythen bezeichnet haben dürfte.

Die vorderasiatischen Quellen beschreiben jedoch anders als die griechischen weder die Geographie Skythiens noch Sitten und Gebräuche der Skythen. Statt dessen beschränken sie sich auf das Auflisten von Ereignissen, aus denen allenfalls hervorgeht, welche militärische Rolle zunächst die Gimirrai-Kimmerier und etwas später die Iškuzai-Skythen im Vorderen Orient spielen. Beide Verbände dienen etablierten Staaten – Assyrien, Babylonien, Medien und Urartu –, wechseln mehrfach die Fronten oder kämpfen auf eigenes Risiko und erringen so zeitweise die Herrschaft über Teilgebiete im kleinasiatischen (Kimmerier) oder nordwestiranischen Raum (Skythen). Die Kimmerier werden schließlich vom Lyderkönig Alyattes (619–560 v. Chr.) vernichtend geschlagen und verschwinden als Machtfaktor in Anatolien. Dagegen trägt der unerwartete Aufstieg Mediens nicht nur zum Zerfall des Staatensystems im Norden Mesopotamiens bei, sondern setzt auch der zweifelhaften Laufbahn der skythischen Heerscharen ein blutiges Ende, deren Reste außer Landes gehen – viele wohl, wie Herodot berichtet, in die Steppengebiete nördlich des Schwarzen Meeres.

Neben dieser Verknüpfung der Skythen und der mit ihnen verwandten Kimmerier mit der Ereignisgeschichte des Vorderen Orients in der ersten Hälfte und um die Mitte des 1. Jt. v. Chr. bietet die altorientalische Überlieferung jedoch – wie bereits erwähnt – kaum Anhaltspunkte zu Lebensweise und Kultur der Skythen (oder auch der Saken). Diesbezüglich bleiben wir auf die griechischen Schriftsteller angewiesen, und nur sie sind es, die auch versuchen, Gerüchte über die Herkunft dieses Volkes zu sammeln und zu einem halbwegs plausiblen, wenn auch stark mythisch durchsetzten Stoff zusammenzuführen.

Völker und Kulturen der Skythenzeit in Sibirien

Der Blick auf die antike Überlieferung macht deutlich, daß der Raum östlich des Ural-Gebirges, also Sibirien sowie angrenzende Teile des heutigen Kazachstan, für die Geschichte der Skythen und ihren Ursprung eine wichtige Rolle spielt. Die Quellen lassen keinen Zweifel daran, daß die Bevölkerungsverschiebungen, in deren Zuge Kimmerier und Skythen nach Vorderasien wie in den Nordschwarzmeerraum gelangten, dort fern im Osten ihren Ausgang nahmen und daß auch die Skythen selbst von dort kamen. Die Angaben über das Klima Skythiens sowie über den Polarzyklus, der in der Mythologie der iranischsprachigen Nomadenvölker enthalten ist (S. 106 ff.), weisen ebenfalls nach Osten, dabei aber in weit nördlich gelegene Gebiete, und zwar nördlich des Waldgürtels in Waldtundra und Tundra, die kaum je ein Skythe oder ein Angehöriger anderer verwand-

ter Nomadenstämme betreten haben dürfte. Die Erwähnung
des Polarzyklus zeigt aber, daß sie Kunde davon hatten, und
schon in den vorangehenden Jahrtausenden des Neolithikums
und der Bronzezeit werden immer wieder Verbindungen zwischen den Kulturen der westsibirisch-kazachischen Steppe und
Waldsteppe und jenen am Unterlauf des Ob sichtbar.

Die Schriftquellen und die Ursprungsgebiete
der Skythen

Auf das Arimaspen-Epos des Aristeas von Prokonnesos geht
jene Überlieferung zurück, der zufolge die Skythen von Osten
aus in die Nordschwarzmeersteppen eingewandert waren. Alle
weiteren Angaben zu den Völkerschaften des sibirisch-mittel-
asiatischen Raumes jener Zeit bleiben jedoch ausgesprochen
vage, ja teilweise sogar phantastisch, so daß der archäologischen Überlieferung bei der Rekonstruktion der frühesten Geschichte der Skythen in diesen weitläufigen Gebieten eine ungleich größere Rolle zukommt.

   Halten wir dennoch fest, was sich an Aussagen über die
Stämme dieser Region den Quellen entnehmen läßt. Einen
wichtigen Hinweis darauf, daß die Skythen, einmal im Nordschwarzmeerraum angekommen, nie die Bindung mit dem
Osten der eurasischen Steppe ganz verloren hatten, liefert Herodot, wenn er schreibt, daß Reisen, an denen offenbar auch Griechen aus den Nordschwarzmeerkolonien teilgenommen hatten,
aus dem Skythenland weit nach Osten bis zu den Argippäern
nichts Ungewöhnliches gewesen wären (IV 24). Dies unterstreicht aber auch, wie intensiv die Kontakte in westöstlicher
und umgekehrter Richtung innerhalb des Steppengürtels zu
allen Zeiten waren.

   Die Argippäer lassen sich nach Aussage der Schriftquellen
nicht eindeutig lokalisieren, doch gelangte man zu ihnen nach
Durchqueren der Steppengebiete nördlich von Kaspischem
Meer und Aralsee, wo sie am Fuße hoher Berge lebten. Möglicherweise lassen sich die Argippäer damit unter Vorbehalt in
der zentralkazachischen Steppe nördlich des Balchaš-Sees oder

im Osten oder Südosten Kazachstans lokalisieren, vielleicht sogar am Oberlauf des Irtyš, doch sicher ist dies nicht. Herodot beschreibt sie als kahlköpfig, und zwar Frauen wie Männer; ferner hätten sie eingedrückte Nasen und ein breites Kinn (IV 23). Letztere Angaben deuten auf eine mongolide Bevölkerung hin. Sie sprechen auch eine andere Sprache als die Skythen, denn Herodot zufolge bräuchten die Skythen des Nordschwarzmeerraumes Dolmetscher, um sich mit ihnen zu verständigen. Ihre Tracht hingegen zeigte viele Übereinstimmungen mit jener der Skythen: Stiefel, lange Hose, Ärmelrock und Kapuze. Diese Bekleidung war aber wohl nicht nur einem Volk zu eigen, sondern dürfte eine ganz grundsätzlich weit verbreitete und von verschiedenen Stämmen getragene ‹Steppentracht› dargestellt haben – finden wir ihre Bestandteile doch auch bei anderen Völkerschaften.

Die Argippäer waren besonders angesehen und galten als ‹heiliges› Volk, das keine Waffen trug, keinen Streit mit seinen Nachbarn austrug und stets Flüchtlinge aufnahm, also sogar eine Art ‹Asylrecht› kannte. Ihre Ernährungsgrundlage bildete die Viehzucht, wobei ihre Schafherden nicht besonders groß gewesen sein sollen. Daneben sammelten sie Waldfrüchte, aus denen sie eine Art Brot herstellten, lebten also nach jahrtausendealten Traditionen. Sie sollen unter Bäumen gehaust haben, die im Winter mit dichtem weißem Filz umhüllt wurden; wahrscheinlich sind mit dieser Beschreibung jurtenartige Konstruktionen gemeint.

Im Bereich des Jaxartes (Syr-Dar'ja) werden die Wohnsitze ihrer Nachbarn, der Issedonen, vermutet, wobei sich hier keine genauere und verlässliche Lokalisierung aufgrund der spärlichen Angaben vornehmen lässt. Ähnlich wie die Argippäer gelten sie als friedliebende Viehzüchter, bei denen Männer und Frauen die gleichen Rechte hatten (IV 26). Lediglich im Rahmen des Totenrituals werden ihnen Kannibalismus sowie – im Zusammenhang mit der Ahnenverehrung – auch Pflege eines Schädelkults nachgesagt, wobei man zu Ehren der Verstorbenen Jahresfeste feierte, die die Söhne der Toten auszurichten hatten.

Als Nachbarn der Issedonen am Jaxartes erwähnt Herodot die Massageten (I 102), ein großes, starkes Volk, das in Auseinandersetzungen mit den Achaimeniden verwickelt war, in deren Zuge der Perserkönig Kyros der Große 528 v. Chr. den Tod fand. Dieses – soweit man den spärlichen Schriftquellen glauben darf – deutlich kriegerischere Nomadenvolk war bereits in Mittelasien ansässig und nicht mehr mit Sibirien verbunden. Dennoch kleideten auch sie sich in einer Tracht, wie wir sie ähnlich von Skythen, Saken und Argippäern kennen: Stiefel, Hose, Ärmelrock und Kapuze (I 125). Später, zur Zeit Alexanders des Großen, kämpften die Massageten zunächst auf Seiten der Perser, wobei sie mit Pfeil und Bogen, Lanzen und Streitäxten bewaffnet waren, die ebenso wie Kopfschmuck, Gürtel und Wehrgehänge sowie Pferdeschmuck teilweise mit Goldblech verkleidet waren. Angeblich lebten sie in Wohnwagen bei ihren Viehherden, ernährten sich jedoch auch von Fischfang im Jaxartes. Sie verehrten die Sonne als einzige Gottheit und opferten ihr Pferde (I 216).

In den südlich anschließenden Teilen Mittelasiens bis zum Iran einerseits und ins Siebenstromland (Semireč'e) andererseits liegen die Siedlungsgebiete der Saken, von denen ebenfalls bereits die Rede war. Herodot lokalisiert sie zwischen Jaxartes (Syr-Dar'ja) und Oxus (Amu-Dar'ja). Einen Teil von ihnen hatte bereits Kyros der Große (529 v. Chr.) unterworfen (I 153). Einige Sakenstämme unterschieden sich offenbar, wie bereits erwähnt, durch die Form ihrer Mützen bzw. Kapuzen. So berichtet Herodot (VII 64) von den Amyrgiern mit typischen hohen, steifen Spitzmützen, bei denen es sich um die «spitzmützigen Saken» der achaimenidischen Inschriften von Persepolis handeln dürfte. Auf den Reliefs von Persepolis tragen die spitzmützigen Saken noch einen gegürteten Ärmelrock und lange, in Stiefeln steckende Hosen. Am Gürtel hängt ein *Akinakes*, das auch von den Skythen gebrauchte Kurzschwert; nach Herodot führten sie ferner Bogen und Steitaxt (VII 64), so daß es nicht verwunderlich ist, wenn die Griechen die Saken als Skythen bezeichneten: Tracht und Bewaffnung, aber auch der für Skythen wie Saken gleichermaßen das Kunsthandwerk kennzeichnende

Tierstil waren bei den Nomadenvölkern des eurasischen Steppengürtels und der südlich anschließenden Regionen Mittelasiens weit verbreitet und charakterisierten nicht nur bestimmte Stämme.

Wenden wir uns nun wieder nach Norden, in die heute zu Sibirien gehörenden Gebiete nordwärts der Saken, Massageten, Issedonen und Argippäer, so werden die Angaben ungleich spärlicher und auch noch phantastischer. Aristeas wie der auf seiner Erzählung aufbauende Herodot erwähnen Arimaspen und mit ihnen im Kampf stehende *goldhütende Greifen* (IV 27). Herodot meint zwar, der Name der Arimaspen käme aus dem Skythischen und würde *Einäugiger* bedeuten, doch könnte auch ein Zusammenhang mit dem iranischen Wort *aspa (Pferd)* bestehen. Falls diese ‹einäugigen› Arimaspen nicht gänzlich dem Reich der Fabel angehören, könnte damit ein reiternomadisch geprägter Teilstamm der skythisch-sakischen Welt gemeint sein, der möglicherweise irgendwo in den westsibirisch-nordostkazachischen Gebieten am oberen Irtyš lebte.

Noch weiter in den Osten gelangen wir mit den *goldhütenden Greifen*. Sollte es sich auch hierbei in der Tat um einen Volksstamm in Sibirien gehandelt haben, so ließe sich daran denken, in den ‹Greifen› vielleicht eine Art Stammesabzeichen zu sehen, immerhin spielt der Greif im skythisch-sibirischen Tierstil eine zentrale Rolle. Sicher ist es kein Zufall, daß wir mit diesen *goldhütenden Greifen*, die ja östlich aller bislang genannten Bevölkerungsgruppen verbreitet gewesen sein sollen, in die Region am oberen Ob und nach Berg-Altai gelangen, wo reiche Goldvorkommen liegen. Möglicherweise war es genau jener Erzreichtum des Altaj-Gebirges, der die Blicke von Griechen, Schwarzmeerskythen und auch Persern bis in diese ferne Region schweifen ließ, die gleichsam die östliche Peripherie ihres geographischen Vorstellungsvermögens bildete, die ohnehin bereits leicht verschwommen und mit Phantasieberichten durchsetzt war. Was sich noch weiter im Osten tat, lassen die Schriftquellen gänzlich im dunkeln. Hier sind wir um so mehr auf die Archäologie angewiesen, die nun zu Worte kommen muß.

Im Herzen Asiens:
Tuva und das Minusinsker Becken

Eine der Kernfragen der eurasischen Vorgeschichte lautet: Zu welchem Zeitpunkt und unter welchen Einflüssen bilden sich jene reiternomadischen Verbände mit ihren charakteristischen Lebens- und Wirtschaftsformen, neuartigen Kampftechniken, besonderen künstlerischen Ausdrucksformen (Tierstil, s. S. 100 f.) und einer noch nicht dagewesenen sozialen Differenzierung mit monumentalen Grabhügeln (Kurganen) heraus? Alle diese Neuerungen verbinden wir im Bereich der eurasischen Steppe von Tuva und der Mongolei im Osten bis an den Karpatenrand und die untere Donau im Westen mit der Entstehung von Kulturen mit einer skythisch geprägten Sachkultur. Innerhalb Sibiriens können wir diesen Wandlungsprozeß, der die bronzezeitlichen Grundlagen nach Jahrhunderten weitgehend kontinuierlicher Entwicklung nun scheinbar plötzlich nachhaltig umformt, am frühesten in Tuva fassen. Tuva ist heute eine autonome Republik innerhalb der Russischen Föderation, die an den Quellen bzw. Oberläufen des Jenissei liegt, und zwar zwischen dem Westlichen Sajan-Gebirge im Norden und der Nordgrenze der Äußeren Mongolei im Süden. Seit dem späten 19. Jh. meldete man immer wieder Funde aus Tuva, die diese Region als eine der östlichsten mit skythischer Sachkultur auswiesen. Wirklich bekannt wurde dieses Gebiet für die Skythenforschung jedoch erst durch die aufsehenerregenden Entdeckungen des russischen Forschers Michail Grjaznov. Dieser untersuchte in den frühen siebziger Jahren einen Großkurgan in der Nekropole von Aržan im Norden Tuvas (Kurgan Aržan 1). Aržan gehört zu den größten und bedeutendsten skythischen Friedhöfen Südsibiriens mit unzähligen monumentalen Grabhügeln, was diesem Platz im Volksmund die Bezeichnung *dolina carej* (*Tal der Könige*) einbrachte.

Der von Grjaznov untersuchte Kurgan Aržan 1 war eine monumentale Grabanlage (Abb. 1). Sein Durchmesser erreichte fast 100 m, doch war er nur 3–5 m hoch, es handelte sich nämlich nicht um einen wirklichen ‹Hügel›, sondern um eine aus

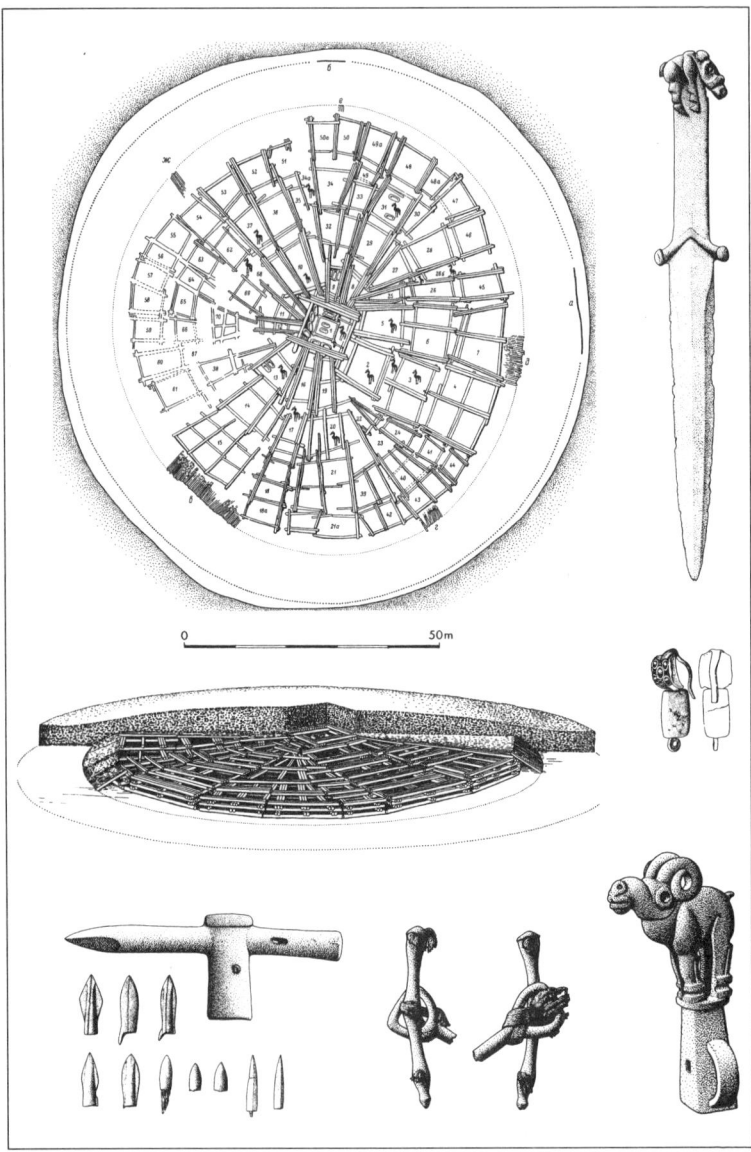

Steinen aufgebaute Plattform. Unter dieser Steinplattform kam eine bis heute singuläre Holzkonstruktion zum Vorschein, die aus zahllosen rechteckigen bis leicht trapezoiden Kammern bestand, die sich in mehreren Reihen radartig um das Zentrum herum anordneten. Die Balkenkammer im Zentrum war von acht Baumsärgen umgeben, die offenbar die Bestattungen des Gefolges enthielten, das beim Tod eines skythischen Fürsten ermordet und ihm ins Grab gelegt wurde, wie Herodot für die Schwarzmeerskythen zu berichten weiß. In verschiedenen um dieses Zentrum gruppierten Kammern – die wenigsten enthielten wirklich Gräber – waren noch über 200 Pferde beerdigt, die ebenfalls zum Besitz des Fürstenpaares zählten oder anläßlich von Trauerfeierlichkeiten zu seinen Ehren geopfert wurden.

Die Grablege dieses skythischen Fürsten und seiner Frau im Zentrum des Kurgans war fast vollständig durch Grabräuber geplündert. Dennoch fanden sich Hinweise, die zeigten, wie prachtvoll und aufwendig sie ausgestattet gewesen sein dürfte. So fand Grjaznov Reste prächtiger Gewänder aus Zobelpelz, verschiedenfarbige Wollgewebe der Kleidung, Taschen, Gürtel, aber auch Goldschmuck, Hunderte von auf der Kleidung aufgenähten Goldappliken sowie unzählige Türkiseinlagen, die ursprünglich wahrscheinlich massive Goldgegenstände zierten, die man bei der Beraubung des Grabes entwendet hatte. Von besonderer Bedeutung sind die verbliebenen Teile der Bewaffnung: Bronzedolche und Pfeilspitzen aus Bronze und Knochen, deren Formen direkt an spätbronzezeitliche Vorläufer vorskythischer Zeit anschließen und deshalb ganz zu Beginn der Skythenzeit entstanden sein müssen. Dazu paßt die Beobachtung, daß die Griffenden der Dolche bereits Tierstilornamentik aufweisen, wobei es sich um Eberdarstellungen im sogenannten Zehenspitzengang handelt, die als geradezu charakteristisch für die nur in Südsibirien zu fassende früheste Stufe der skythischen Tierstilkunst gelten. An den Balken der Grabkammern durch-

Abb. 1: Kurgan Aržan 1 in Tuva, Südsibirien. Plan, Aufbau und Fundgegenstände des frühskythischen Fürstenkurgans (spätes 9./8. Jahrhundert v. Chr.).

geführte dendrochronologische Analysen (Baumringdatierung) erlauben mittlerweile eine verläßliche Datierung des Kurgans Aržan 1 in das ausgehende 9. bzw. frühe 8. Jh. v. Chr. Die Erforschung dieser Grabanlage erbrachte damit die bislang ältesten, fest datierten frühskythischen Materialien des eurasischen Steppengürtels. Tuva und die angrenzenden Teile Südsibiriens dürften deshalb bei der Entstehung der materiellen Kultur der Skythen eine entscheidende Rolle gespielt haben.

Von Interesse sind dabei auch die bronzenen Trensen und Gebißstangen der Pferde aus Aržan 1 sowie Ohrgehänge aus Edelmetall mit Steineinlagen: Zu ihnen finden sich gute Parallelen im Nordschwarzmeerraum, wo sie ebenfalls dem späten 9. und 8. Jh. v. Chr. zuzuweisen sind, aber in einem völlig andersartigen kulturellen Zusammenhang stehen, dort gehören sie nämlich zu den Formenkreisen von Černogorovka und Novočerkassk. Diese möchte die Forschung gerne mit den Kimmeriern in Verbindung bringen, was so sicher aber nicht ist. Fest steht jedoch, daß Materialien vom Typus Černogorovka wie Novočerkassk noch vorskythisch sind, d. h. im Nordschwarzmeerraum in eine Zeit gehören, die vor dem ersten Auftreten skythischer Sachkultur westlich von Wolga und Don liegt. In Tuva und anderen Teilen Südsibiriens entstand die skythische Kultur also deutlich früher als im Westen der eurasischen Steppe, was sich mit der Überlieferung von einer östlichen, sibirischen Herkunft der Skythen grundsätzlich zu decken scheint. Dies heißt selbstverständlich nicht, daß sich die Skythen in Tuva herausgebildet haben und von dort bis in die nordpontischen Gebiete gezogen sind, weil wir es zweifellos mit einer Vielzahl nicht näher zu bezeichnender steppennomadischer Völkerschaften zu tun haben, für die alle ‹skythische› Sachkultur charakteristisch war, wie dies ja auch die oben aufgeführte Schriftüberlieferung nahelegt. Zu dieser ‹skythischen› Sachkultur gehören eine ähnliche Tracht, übereinstimmende Bewaffnung und Pferdeschirrung sowie eine charakteristische Kunst, die offenbar Ausdruck einer weitgehend einheitlichen geistig-religiösen Vorstellungswelt ist.

Ein Zentrum der frühskythischen Kultur im späten 9. und 8. Jh. v. Chr. bestand also in Tuva an den Quellen des Jenissei.

Dieses Zentrum hatte überregionale Bedeutung, wie auch der riesige ‹Fürstenfriedhof› von Aržan wohl Bestattungen aus einem größeren Einzugsgebiet aufnahm, denn immerhin bildete die gesamte über 30 km lange und 8 km breite Ebene von Aržan eine einzige Nekropole. Doch wie entstand dieses Zentrum frühskythischer Kultur, und auf welcher Basis bildete es sich heraus? Diese entscheidende Frage ist bis heute nicht schlüssig zu beantworten, denn gerade die der frühskythischen Zeit vorausgehende Spätbronzezeit – hier in Tuva sowie im Minusinsker Becken im Norden und in der Mongolei weiter im Süden durch die Karasuk-Kultur repräsentiert – ist in weiten Teilen Tuvas ausgesprochen schlecht belegt und liefert nicht mehr als ein paar Einzelfunde. Dies bildet einen deutlichen Gegensatz zu den zahllosen Denkmälern der anbrechenden Skythenzeit in dieser Region. Sollte dieses Bild jedoch keine Trugspiegelung des Denkmälerbestandes sein, sondern der Realität entsprechen, so hieße dies, daß es zu Beginn der Skythenzeit zu einem Bevölkerungszuzug gekommen sein muß.

Damit stellt sich die Frage nach den möglichen Gründen dieser Bewegung. Monokausal ist sie sicher nicht zu beantworten; man wird verschiedene Aspekte zu berücksichtigen haben. Neueste Forschungen zur Vegetations- und Klimageschichte dieser Region bieten dabei interessante Ansatzpunkte, da sie klimatische Veränderungen als Ursache einer massiveren Zuwanderung wahrscheinlich machen. So soll es in weiten Teilen Tuvas während des 2. Jt. v. Chr. ausgesprochen trocken gewesen sein, was zu einem Rückgang der bronzezeitlichen Siedlungstätigkeit in diesen Gebieten geführt haben dürfte. Zu Beginn des 1. Jt. v. Chr., und zwar chronologisch auffallend exakt mit dem Beginn der frühskythischen Kultur in Tuva zusammenfallend, wurde das Klima plötzlich wesentlicher feuchter, was die Entstehung äußerst attraktiver Weidegründe zur Folge hatte. Dies könnte in erster Linie von Viehzucht lebende Bevölkerungsverbände der näheren wie weiteren Umgebung zur Abwanderung nach Tuva veranlaßt haben, wo sie sehr bald zu Wohlstand und Reichtum gelangten und ihre Anführer in monumentalen Grabkurganen bestatteten. Zukünftige Forschungen werden jedoch

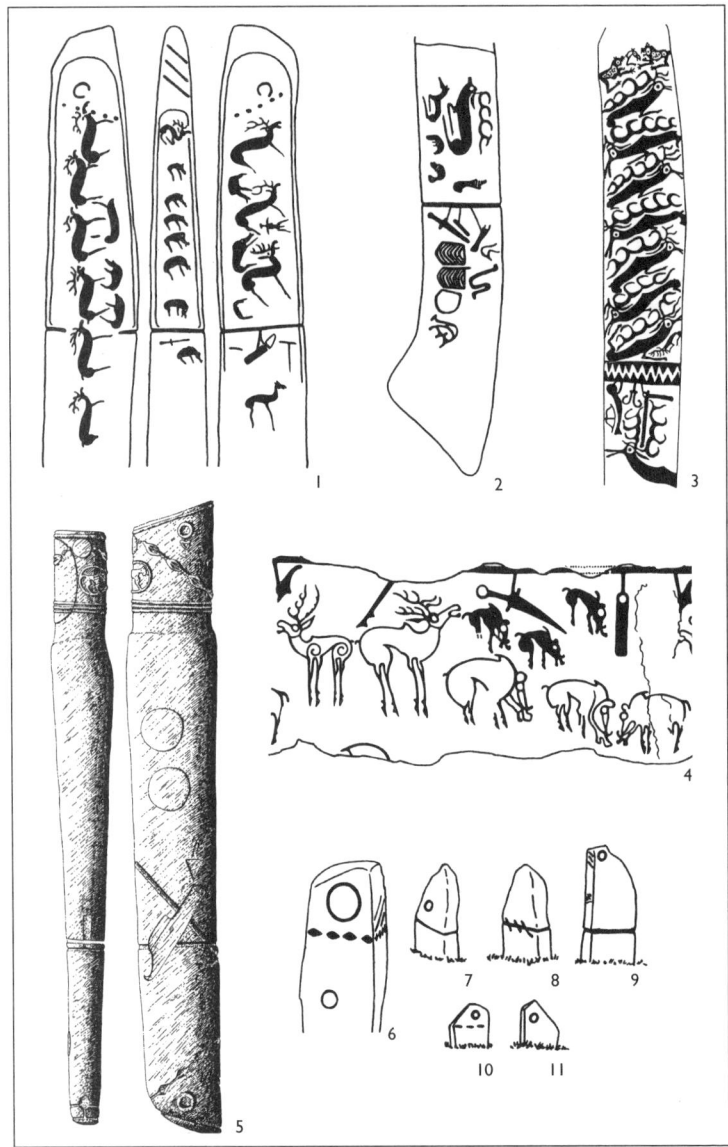

noch zu erweisen haben, inwieweit sich diese Thesen erhärten lassen.

Und selbst wenn sich die These der Klimaveränderung bewahrheiten sollte, ist damit noch nicht alles erklärt. Wie kommt es dazu, daß beispielsweise der für sämtliche Gruppen mit ‹skythischer› Sachkultur nahezu gleichermaßen charakteristische Tierstil zunächst in Südsibirien entsteht und sich erst später durch den eurasischen Steppengürtel nach Westen bis in die Schwarzmeerregion und darüber hinaus ausbreitet? Woher kommen die Anstöße zu dieser Kunstentwicklung, die eigentlich kaum aus lokalen Wurzeln erwächst? Schon der bekannte Heidelberger Zentralasienforscher Karl Jettmar dachte dabei in seiner fundamentalen Untersuchung über die Steppenkulturen an China. Sicher nicht mit Unrecht verglich er frühskythische Rolltierplaketten vom Pferdegeschirr, wie sie unter anderem auch aus dem Kurgan Aržan 1 vorliegen, mit in ähnlicher Weise kreisförmig angeordneten Tierbildern auf Plattenknebeln der Westlichen Zhou-Dynastie (1027–771 v. Chr.). In Grabfunden aus der heute zu China gehörenden Inneren Mongolei begegnen typische Elemente des frühen sibirischen Tierstils schon ab dem 10. Jh. v. Chr., wie Inventare aus Nanshangen zeigen. Sie erscheinen dort aber noch gemeinsam mit Schmuckstücken (z. B. Perlleisten mit Rückenösen), die in der Äußeren Mongolei und in Südsibirien ein ‹Leitfossil› der spätbronzezeitlichen *Karasuk-Kultur* sind. Dieses Beispiel soll zeigen, daß in den Gebieten nördlich des Gelben Flußes bereits ein dem skytho-sibirischen Tierstil ähnliches Kunstschaffen existierte, als in Südsibirien selbst noch gänzlich andere Kulturverhältnisse bestanden, nämlich die spätbronzezeitliche Karasuk-Kultur.

Eine weitere, für Fernbeziehungen wichtige Denkmälergattung sind sogenannte Hirschsteine (Abb. 2,1–4.6–11), die in Tuva und angrenzenden Teilen der Altai-Region und der Äußeren Mongolei während frühskythischer Zeit verbreitet waren.

Abb. 2: Frühskythische Hirschsteine aus Tuva (1.2.4.6–11) und der Mongolei (3) sowie verwandte Steinstelen aus dem nordwestlichen Kaukasusvorland (5).

Bei diesen Hirschsteinen handelt es sich um schlanke Steinstelen mit im weitesten Sinne anthropomorpher Gestalt, bei denen deutlich eine Kopfzone markiert, aber nicht weiter ausgestaltet wird. Ein mit Waffen und anderen Objekten behängter Gürtel trennt Ober- und Unterkörper voneinander. Neben den dargestellten Ausrüstungsteilen ‹skythischer› Krieger, wozu neben Dolch und Streitpickel auch noch Bogen und Schild gehören können, sind insbesondere gereihte Hirschdarstellungen im typisch frühskythischen Stil mit parallel zum Rücken gehaltenem Geweih kennzeichnend, die diesen Stelen zu ihrem Namen verhalfen; möglicherweise sollen sie Tätowierungen der Arme wiedergeben.

Diesen südsibirisch-mongolischen Hirschsteinen in Aufbau, Gestalt und selbst in einigen Details sehr ähnliche Steinstelen sind übrigens aus Nordkaukasien bekannt (Abb. 2,5). Auf ihnen fehlen zwar die für die östlichen Stücke so charakteristischen Hirschdarstellungen und auch andere Motive, statt dessen begegnen Bilder von Waffen- und Schmucktypen, die typisch für die Formengruppe von Novočerkassk sind, was immerhin für teilweise Gleichzeitigkeit spricht. So unterschiedlich die nordkaukasischen und die sibirischen Stelen in Details auch sein mögen – geographische Bindeglieder fehlen überdies – ein Zusammenhang, selbst wenn er sich derzeit kaum verläßlich deuten läßt, ist dennoch kaum zu leugnen. Dies spricht aber weniger dafür, daß die skythische Kultur schon im späten 9./8. Jh. v. Chr. von Zentralasien aus so weit nach Westen ausstrahlte, sondern scheint vielmehr nahezulegen, daß der eurasische Steppenraum schon am Vorabend der Ausbreitung skythischer Sachkultur von Ost nach West ein enges Kommunikationsnetz unterhalten hatte, das eine isolierte Entwicklung seiner Einzelteile kaum zuließ.

Die Hirschsteine Tuvas, die auch im Kurgan Aržan 1 verbaut waren, lassen eine weitere Brücke nach Südosten schlagen: Auf ihnen erscheinen unter anderem Objekte, wie etwa durchbrochene Dolchscheiden, die in einem Grab in Nanshangen in Bronze beigegeben waren und dort mit verschiedenen tierstilverzierten Gegenständen, darunter auch das Rolltiermotiv, vergesellschaftet waren. Dasselbe Inventar erbrachte ferner mit Inschriften verzierte chinesische Bronzegefäße der Westlichen Zhou-Dynastie, die eine Datierung nicht nur dieser Bestattung aus Nanshangen, sondern des gesamten frühskythischen Horizontes vom Typus Aržan 1 mitsamt den frühen Hirschsteinen in das 9. Jh. v. Chr. gestatten. Dies deckt sich mit den naturwissenschaftlichen Datierungen von Aržan 1 mit Hilfe der Dendrochronologie und entspricht auch dem absolutchronologischen Ansatz der mit Aržan 1 weitgehend gleichzeitigen, aber noch vorskythischen Novočerkassk-Gruppe im Nordschwarzmeerraum, die über Vorderasien ebenfalls in das späte 9./8. Jh. v. Chr. zu datieren ist.

Es ist somit kaum zu übersehen, daß die nördlichen Teile des heute chinesischen Staatsgebietes bei der Herausbildung des frühen skytho-sibirischen Tierstils eine entscheidende Rolle spielten. Anders als viele andere durch Gebirgsriegel vom Süden getrennte Teile Südsibiriens war Tuva nach Süden geöffnet, wobei uralte Karawanenwege von China durch die Mongolei direkt nach Tuva führten, von wo aus sie dann einerseits nach Norden über den Westlichen Sajan ins Minusinsker Becken und andererseits durch Westtuva in die Altai-Region führten.

Tuva ist auch jener Teil der ‹skythischen Welt›, in dem – wie Aržan 1 zeigt – all jene Merkmale, die skythische Kultur kennzeichnen, zum frühesten Zeitpunkt in Erscheinung traten: Dies gilt für die spezifische Kunst der früheisenzeitlichen Nomaden der eurasischen Steppe, den nun schon mehrfach erwähnten Tierstil, aber auch für den Grabkult einer erstmals so deutlich hervortretenden Führungsschicht, zu dem die Errichtung monumentaler Kurgane als gewaltige Gemeinschaftsleistungen, Totenfolge und überaus reich mit Gold und anderen Prestigeobjekten ausgestattete Bestattungen gehören. Diese skythenzeitliche Führungsschicht wird während eines längeren Zeitraums in Aržan bestattet, wobei sich vielleicht sogar Ansätze zur Dynastie-Bildung erkennen lassen. Es fällt nämlich auf, daß in der Ebene von Aržan unter Hunderten von Grabhügeln nur vier Kurgane als Steinplattformen errichtet wurden, jeweils 3–4 km voneinander entfernt und zu einer von West nach Ost verlaufenden Reihe angeordnet. Der Kurgan Aržan 1 ganz im Westen bildet den ältesten, der letzte Hügel Aržan 2 ganz im Osten offenbar den jüngsten aus der Zeit des ausgehenden 7. Jh. v. Chr., wie kürzlich durchgeführte Untersuchungen zeigten.

Das Fürstengrab aus Kurgan Aržan 2 gehört mit über 9300 Objekten, davon etwa 5700 aus Gold, zu den reichsten Inventaren Sibiriens und des eurasischen Steppenraumes überhaupt. Die Doppelbestattung eines Mannes und einer Frau enthielt unter anderem mit Tausenden von goldenen Panthern bestickte Kleidungsstücke, goldverzierte Hauben und Stiefel, einen goldenen Halsring, ein goldenes Pektorale (Brustschmuck) sowie vergoldete Waffen (Köcher und Pfeile, Streitpickel und Dolch). Diese Objekte dürfen als Meisterwerke früher Tierstilkunst gelten, weisen dabei aber – und das macht diese Stücke besonders interessant – keinerlei Einflüsse aus anderen Kulturbereichen auf, sondern es handelt sich in der Tat um lokale Erzeugnisse der frühskythischen Zeit in Tuva; dies läßt Entstehung und Entwicklung der Tierstilkunst in dieser Region erkennbar werden.

Auch dieser Kurgan Aržan 2 erbrachte noch zahlreiche andere skythenzeitliche Gräber, die als Bestattungen des gewaltsam getöteten Gefolges anzusehen sind (Totenfolge), sowie Gräber mit Pferden. Zweifellos war dieser Hügel nicht nur ein reiner Bestattungsort, sondern ein Kultplatz, an dem die Beisetzung des Fürstenpaares in Verbindung mit verschiedenen kultischen Handlungen regelrecht ‹inszeniert› wurde.

Folgen wir dem Jenissei von seinen Quellen in Tuva flußabwärts und das Westliche Sajan-Gebirge überwindend nach Norden, so erreichen wir eine gänzlich anders geartete Kulturlandschaft, das Minusinsker Becken, das heute überwiegend zu Chakassien, zu einem geringeren Teil zum Krasnojarsker Kreis gehört. Zu allen Zeiten waren die fruchtbaren Täler und Ebenen dieser Region mit vergleichsweise mildem Klima dicht besiedelt, doch während der Skythenzeit tritt die Bevölkerungskonzentration dieses Raumes besonders deutlich hervor, wovon Tausende von sogenannten Ecksteinkurganen zeugen. Ob mit oder ohne Aufschüttung, ob Grabanlagen der Oberschicht oder

der einfachen Bevölkerung, stets waren die Grabbezirke mit
Steinplatten und hoch aufragenden Steinstelen in den Ecken
umstellt (Abb. 3,1–3), was sie bereits auf den ersten Blick als
Bestattungsplätze der Skythenzeit erkennbar macht und deshalb leider auch zu ihrer massiven Ausplünderung führte. Nach
einer Insel im Jenissei nahe der Stadt Minusinsk, auf der man
solche Ecksteinkurgane freilegte, benannte man diese spezifische Ausprägung der Skythenzeit im Minusinsker Becken als
Tagar-Kultur.

Die Träger der Tagar-Kultur betrieben eine intensive Bronze-
metallurgie; erst gegen Ende der Skythenzeit, also ab dem
5.–3. Jh. v. Chr. und danach, trat das Eisen als Rohstoff stärker
hervor, das aber gelegentlich bereits vom Beginn der Tagar-Kultur an vorkommt. Seit dem frühen 18. Jh. erkundeten For-
schungsreisende wie I. G. Gmelin, G. F. Müller, P. S. Pallas, um
nur einige zu nennen, die Gebiete am Jenissei. Zumeist handelte
es sich dabei um deutsche Universalgelehrte in Diensten des russischen Zaren Peters des Großen (1672–1725), der an der Er-
schließung Sibiriens höchstes Interesse hatte – nicht zuletzt auf
der Suche nach Erzvorkommen zur Finanzierung seiner Kriege
gegen Schweden. Auch das Minusinsker Becken fand dabei die
Aufmerksamkeit dieser Gelehrten, denen die Kurgane der Tagar-Kultur mit ihren monumentalen Stelen und Steineinfassun-
gen als Zeugnisse bedeutender vergangener Völker nicht verborgen blieben. Diese erweckten ihre wissenschaftliche Neugier,
verstärkt durch abenteuerliche Erzählungen der einheimischen
Turkvölker über ein geheimnisvolles vergangenes Volk, das diese sagenhaften Denkmäler hinterlassen habe. So begann man
bereits im Verlaufe des 18. Jh. mit Ausgrabungen, allerdings
meist nicht unter wissenschaftlichen Gesichtspunkten. Die Ecksteinkurgane der Tagar-Kultur waren überdies leicht zu öffnen.
Jene, welche die Toten aus Schichten der einfacheren Bevölkerung bargen, besaßen keine Aufschüttungen; ihre Grabgruben
wurden lediglich mit Steinplatten abgedeckt (Abb. 3,2.3), weshalb der Grabraub keine sonderlich zeitraubende Tätigkeit war.
Zur Standardausstattung der Gräber gehörten Dolche, Messer,
Streitpickel, Beile, Spiegel und andere Bronzeobjekte, die man

zu Tausenden aus den Gräbern der Tagar-Kultur ans Tageslicht brachte. Diese sogenannten Minusinsker Bronzen (Abb. 4) finden sich heute in fast allen größeren Museen der Welt, allein das Kreismuseum Minusinsk führt über 9000 Exemplare aus Grabungen des späten 19. und frühen 20. Jh.

Natürlich ist diese Fundkonzentration im Minusinsker Bekken Ausdruck der ungeheueren Konzentration von Bodendenkmälern, die es in dieser von Taiga umgrenzten Steppenlandschaft gab. Doch stellt sich auch die Frage nach der Herkunft der schier unermeßlichen Rohstoffmengen, die zur Herstellung dieser Bronzen notwendig waren. In den letzten Jahrzehnten wurden in den Gebieten unmittelbar westlich des Minusinsker Beckens, aber immer noch in Chakassien gelegen, unzählige Abbauschächte, Schlackenhalden und Bronzegießerwerkstätten entdeckt, an denen das Kupfererz gewonnen, verhüttet, mit Zinn oder Arsen zu Bronze legiert und zu Endprodukten oder Halbfabrikaten umgegossen wurde. Darüber hinaus gibt es auch Hinweise auf skythenzeitliche Goldgewinnung. Die Anfänge dieser Metallurgie liegen in der Spätbronzezeit (spätes 2./frühes 1. Jt. v. Chr.), doch der überwiegende Teil dieser Fundplätze kann aufgrund der Funde in die skythenzeitliche Tagar-Kultur datiert werden. So waren es wahrscheinlich nicht nur die vorzüglichen Weidegründe am mittleren Jenissei, die zu der oben erwähnten Bevölkerungskonzentration zu beiden Seiten des Flusses führten, sondern auch die überaus reichen Erzvorkommen der Region, die den Wohlstand ihrer Bewohner beförderten.

Unsere Kenntnis der Tagar-Kultur des Minusinsker Beckens beruht fast ausschließlich auf der Untersuchung von Gräbern. Selbst Bergwerke und Schlackenhalden sind uns in größerer Zahl bekannt als tagarzeitliche Siedlungsstellen. Das Wissen über diese Kultur weist also noch zahlreiche Lücken auf. Bei den Bestattungen läßt sich eine Entwicklung innerhalb der Ta-

Abb. 3: Die skythenzeitliche Tagar-Kultur im Minusinsker Becken, Südsibirien. Pläne von Kurgangräbern (1–3) und Darstellung eines Dorfes der Tagar-Kultur auf dem Felsbild «Bojarskie pisanicy» (4).

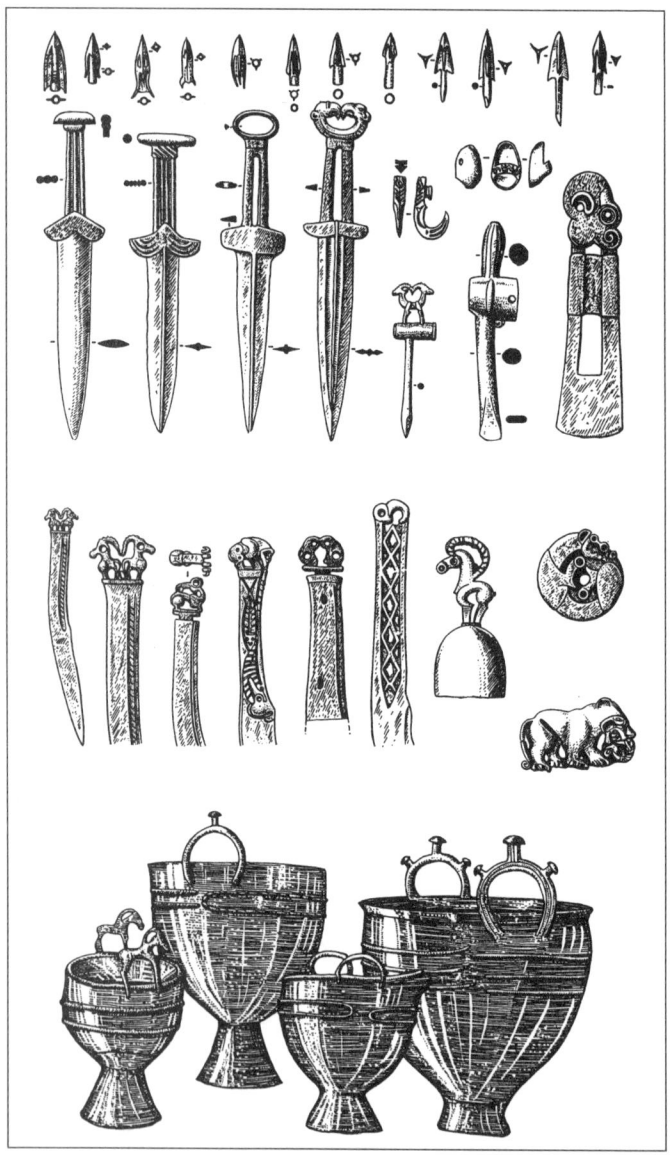

gar-Kultur beschreiben, die von den Archäologen in vier Stufen gegliedert wird. Am Anfang stehen einfache Grabanlagen mit Verstorbenen, die in ausgestreckter Rückenlage in ihren aus Steinplatten oder Holzbalken zusammengesetzten Gräbern liegen. Später, insbesondere ab dem 5./4. Jh. v. Chr., werden die Grabanlagen größer, und es kommt zu Kollektivbestattungen, bei denen ein Dutzend und mehr, gelegentlich sogar bis zu 100 Verstorbene in ein und derselben Grabkammer beigesetzt werden. In diesem Fall handelt es sich allerdings nicht um die von Herodot für die Könige der Schwarzmeerskythen überlieferte und teilweise auch in sibirischen Fürstenkurganen nachweisbare Totenfolge, sondern die Toten sind – soweit sich dies aufgrund der Beigaben überhaupt noch feststellen läßt – von weitgehend gleichem Rang; die Angehörigen dieser Schicht wurden über einen längeren Zeitraum dort bestattet. Dabei lassen sich in den Grababdeckungen auch Öffnungen feststellen, über die diese Kollektivgrüfte immer wieder aufgesucht und genutzt wurden.

Eine weitere Besonderheit der späten Tagar-Kultur (5.–3. Jh. v. Chr.) ist die Tatsache, daß monumentale Großkurgane, in denen Angehörige der Oberschicht beerdigt wurden (Abb. 3,1), erst in dieser Zeit angelegt zu werden scheinen. In den Jahrhunderten zuvor, also in der frühskythischen Periode, in der sie im südlich benachbarten Tuva bereits vertreten sind, fehlen sie im Minusinsker Becken noch, sofern der derzeitige Forschungsstand repräsentativ ist. Die Herrscher dieser Region wurden in der weitläufigen Nekropole von Salbyk beigesetzt, einer Steppenlandschaft am linken Jenissei-Ufer nördlich der heutigen chakassischen Hauptstadt Abakan. Dort finden sich die größten Kurgane des gesamten Minusinsker Beckens – mehr als ein Dutzend monumentaler, pyramidenartiger Aufschüttungen, deren quadratische Grundflächen von megalithisch wirkenden Steinsetzungen eingefaßt werden, bei denen sich waagrecht ver-

Abb. 4: Die skythenzeitliche Tagar-Kultur im Minusinsker Becken, Südsibirien. Sogenannte ‹Minusinsker Bronzen›: Bronzene Pfeilspitzen, Dolche, Messer, Streitpickel, Tierstilobjekte und Kessel.

legte Platten mit aufrecht stehenden und mehrere Meter großen
Stelen abwechseln (Abb. 3,1). Unter den Ecken dieser monumentalen Steineinfassung stieß man auf menschliche ‹Bauop-
fer›; Knochen von Erwachsenen und Kindern zeigen, daß Menschen getötet und hier begraben wurden, um der Bautätigkeit
einen guten Verlauf zu sichern. Die Aufschüttung selbst bestand
aus Rasensoden, die ihr wesentlich größere Festigkeit verliehen,
als wenn sie nur aus Erde aufgehäuft worden wäre. Einer dieser
Großkurgane von Salbyk wurde bislang ausgegraben, die Grabanlage aber war ausgeraubt. Dabei handelte es sich um eine ein-
getiefte Holzbalkenkammer mit einem ebenfalls pyramidenför-
migen hölzernen ‹Dachstuhl› als Abdeckung, die offenbar über
einen längeren Zeitraum zugänglich gehalten wurde, um weitere Bestattungen aufzunehmen. Durch den Rasensodenaufbau
führte nämlich ein stollenartiger Gang zur Kammer, der erst
später zum Einsturz gebracht wurde, als das Grab endgültig
versiegelt werden sollte.

   Über Siedlungswesen und Hausbau der Bevölkerung der skythenzeitlichen Tagar-Kultur wissen wir demgegenüber vergleichsweise wenig. Das Fehlen von Niederlassungen erklärte
man stets mit Hinweis auf die nomadische Lebens- und Wirtschaftsweise der Träger dieser Kultur, doch scheinen Zweifel an
dieser Erklärung berechtigt. Sicher darf man voraussetzen, daß
ein Teil der Bevölkerung vermutlich saisonal seine Standorte
verlagerte und dabei in Jurten und ähnlichen zeltartigen Behausungen lebte, die sich unschwer ab- und aufbauen ließen. Andererseits kann man sich kaum vorstellen, daß die Kenntnisse und
Fertigkeiten, die bei der Erbauung der Blockhäusern ähnelnden
Grabkammern zur Anwendung kamen, nicht auch für den
Hausbau lebender Bewohner genutzt worden wären. Doch
Blockbauten lassen sich im nachhinein archäologisch kaum
feststellen, sind sie doch im Unterschied zu Pfostenhäusern
nicht tief im Boden verankert, wodurch sie keinerlei Spuren
(Pfostenlöcher usw.) hinterlassen. Daß solche Blockhäuser aber
tatsächlich existierten, zeigt das berühmte Felsbild «*Bojarskie
pisanicy*» im Nordwesten des tagarzeitlichen Kerngebietes:
Dort ist ein aus Blockhäusern bestehendes Dorf zu erkennen

(Abb. 3,4), das aufgrund der ebenfalls abgebildeten Gegenstände verläßlich in die späte Tagar-Kultur datiert werden kann.

Eben in dieser Region wird auch von weitläufigen Wallburgen (russisch *gorodišče*) berichtet, die angeblich ebenfalls tagarzeitliches Fundgut lieferten. Noch aber fehlen an diesen Plätzen entsprechende Flächengrabungen, die gesichertere Einblicke in Zeitstellung und Organisation dieser Niederlassungen gestatteten, bei denen es sich höchstwahrscheinlich um Zentralorte lokaler wie überregionaler Bedeutung handelte. Ähnliches dürfte auch für Höhenburgen (sogenannte *sve*) im unmittelbaren Umfeld des Minusinsker Beckens auf der chakassischen Seite des Jenissei gelten, die bislang für mittelalterlich gehalten wurden. Erste in den letzten Jahren durchgeführte Grabungen wiesen sie aber als prähistorisch aus. Ihre ältesten Spuren reichen bis in die frühe Bronzezeit zurück, doch auch in der Skythenzeit bestanden sie noch, ehe man sie aufgab. Lediglich ihre funktionale Deutung ist noch nicht gänzlich geklärt: Handelt es sich um befestigte Kultplätze, um umwallte, dauerhaft besiedelte Zentralorte oder um im Verteidigungsfall genutzte Fluchtburgen? Bedauerlicherweise stehen uns – anders als im Nordschwarzmeerraum – keinerlei, und seien es auch nur teilweise verläßliche Schriftquellen zur Verfügung, die helfen könnten, von diesen Orten eine gewisse Vorstellung zu entwickeln. Hier bleiben wir einzig auf die Archäologie angewiesen. So müssen wir künftige Forschungen abwarten, denn die Untersuchung dieser Plätze steht erst am Anfang.

Im Eis der Hochgebirge:
Die Pazyryk-Kultur in Berg-Altai

Die Skythenzeit im Altai-Gebirge hat durch die Entdeckung frostkonservierter Gräber Berühmtheit erlangt. Unter Steinkurganen von 30–50 m Durchmesser und 2–3 m Höhe legte man im Zentrum 4–5 m tiefe Schächte an, in denen die Grabkammer errichtet wurde (Abb. 5,1). Meist handelte es sich um zwei ineinander gestellte Kammern aus Lärchenbalken in Blockbauweise, die Baumsärge enthielten, in denen die Verstorbenen ruh-

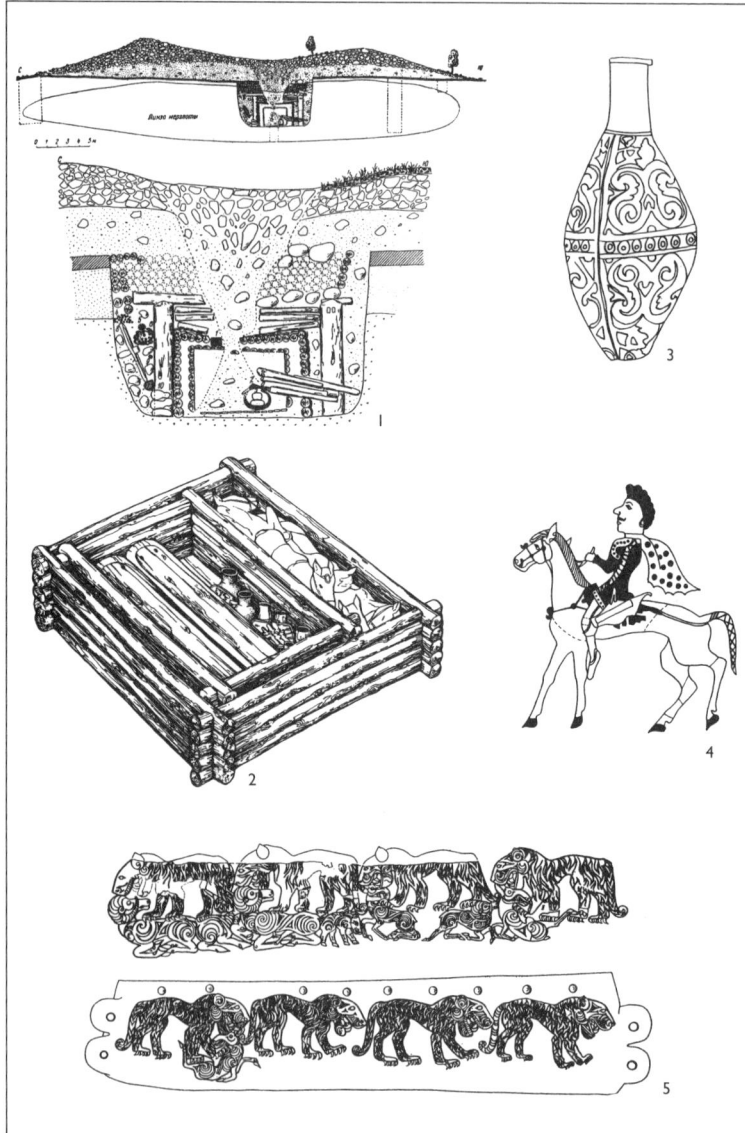

ten (Abb. 5,2). Schon bald nach der Grablegung sammelte sich
in den Särgen sowie in der inneren Kammer Schmelz- und Kon-
denswasser, das zu Eis gefror und die Verstorbenen mitsamt
ihrer Kleidung und ihrem Inventar umschloß. In einigen Fällen
hatte sich sogar der gesamte Kammerinnenraum mit Wasser gefüllt, was man bei der Ausgrabung daran erkennen konnte, daß
Gefäße oder Teller mit Fleischbeigaben bis knapp unter die
Kammerdecke hochgetrieben worden und erst in dieser Position
eingefroren waren. Die damit verbundenen Erhaltungsbedin-
gungen führten zu ‹Jahrhundertentdeckungen› (Abb. 5–6), die
diesen Begriff wahrhaft rechtfertigen und uns die Welt der skythenzeitlichen Reiternomaden im Altai in ungekannter Leben-
digkeit vor Augen treten lassen.

Die ersten ‹Eiskurgane› wurden in Berel' und Katanda bereits
im späten 19. Jh. geöffnet, weitere untersuchte man um die
Mitte des 20. Jh. in Šibe, Tuekta, Bašadar. Zu den bekanntesten
Eiskurganen aber gehören die fünf Grabhügel aus Pazyryk – ein
Fundplatz, der dieser skythenzeitlichen Kultur in Berg-Altai
auch seinen Namen gab. Vor wenigen Jahren kamen weitere
aufsehenerregende Funde vom Ukok-Plateau hinzu, die mit
modernsten Methoden untersucht wurden. Aufgrund dendro-
chronologischer Untersuchungen der sehr gut erhaltenen Höl-
zer können alle diese Denkmäler überwiegend in einen späten Abschnitt der Skythenzeit datiert werden, nämlich in das
4./3. Jh. v. Chr. Zu dieser Zeit kam es offenbar zu einem massiven Bevölkerungsanstieg in den Gebirgstälern des Altai.

Die Aufschüttungen der Hügel von Pazyryk waren – verglichen mit den Monumentalkurganen der Steppengebiete (bis
100 m Durchmesser und 8–15 m Höhe) – deutlich kleiner. Die
in ihnen enthaltenen Grabkammern standen ihren Abmessun-
gen und ihrer Beigabenausstattung zufolge letzteren aber in keiner Weise nach. Wir dürfen deshalb auch hier von Bestattungen

*Abb. 5: Die Pazyryk-Kultur in Berg-Altai. Kurganpläne (1.2) sowie tier-
stilverzierte Baumsärge (5), Lederflaschen (3) und figuralverzierte Teppiche (4) aus den Fürstengräbern von Pazyryk (1.3.4), Ak-Alacha (2)
und Bašadar (5).*

der Oberschicht sprechen, deren Totenritual sich am besten anhand der Kurgane von Pazyryk beschreiben läßt, obwohl diese
von Grabräubern heimgesucht waren.

In der Kammer von Kurgan I aus Pazyryk stand der Baum-
sarg mit dem Verstorbenen vor der südlichen Längswand – eine
Position, die sich bei allen anderen Grabanlagen dieses Ortes
feststellen läßt. Die Grabräuber ließen nur mehr eine hölzerne
Kopfstütze, Teile eines farbigen Filzteppiches, der ehemals mit
Nägeln an der Kammerinnenwand befestigt war, Holztische
und einige Lederobjekte zurück. Ungestört blieben jedoch
die zehn Pferde, die – ähnlich wie bei allen anderen Kurganen
der Pazyryk-Kultur im Altai – unmittelbar vor der nördlichen
Längswand der Kammer deponiert waren. Die Pferde trugen
prachtvolles Geschirr, wobei besonders die holzgeschnitzte Rie-
menzier Erwähnung verdient: Sie zeigt vegetabile Muster ebenso wie Darstellungen von Tieren, Mischwesen, Fratzen usw.
Zwei dieser Pferde wiesen einen prachtvollen Kopfputz aus Leder und Filz auf; sie dürften die Totenprozession angeführt haben. Der Kopfputz ähnelte dabei einem Rentier- oder Hirschge-
weih. Die Pferde wurden also regelrecht verkleidet. Es scheint,
als sollten die Pferde für das Totenritual mit den Wesenszügen
anderer Tiere ausgestattet werden, um mit sämtlichen anima-
lischen Kräften versehen zu sein. Die Maske bringt die Wand-
lungsfähigkeit zum Ausdruck, und zwar in der Verbindung verschiedener Wesen zu einem einzigen Tier. Hinzu kommen noch
ebenfalls aus Leder und Filz gefertigte Sättel und Satteldecken,
die unter anderem auch mit Tierhaarbüscheln versehen waren,
und selbst Mähne und Schweif hatte man noch verziert. Bemerkenswert waren ferner Reste eines Leiterwagens mit Scheiben-
rädern, möglicherweise das Gefährt des Leichnams für die To-
tenfahrt, über die Herodot für die Schwarzmeerskythen berichtet (S. 110).

Maskierte Pferde führten auch den Totenzug der Verstorbenen aus Kurgan II von Pazyryk an, der zahlreiche Übereinstimmungen mit Kurgan I aufwies, ebenfalls geplündert war, aber
zwei Verstorbene enthielt, und zwar einen mongoliden Mann
und eine europide Frau. Der etwa sechzigjährige Mann war of-

fenbar im Kampf gefallen, denn man hatte ihn skalpiert – eine
Sitte, die bei den skythischen Stämmen weit verbreitet war,
wenn sie einen Gegner im Kampf getötet hatten (S. 105). Offenbar konnte man seinen Leichnam aber wiedergewinnen und
füllte die Skalplücke daraufhin mit einer fremden Kopfhaut, die
mit Pferdehaar festgenäht wurde. Pferdehaare bildeten auch
einen falschen Bart, den man ihm umgebunden hatte; wahrscheinlich war der Bart unverzichtbarer Bestandteil einer fürstlichen Erscheinung, die für das Bestattungszeremoniell wieder-
hergestellt werden mußte. Die Frau wies keine Spuren eines
gewaltsamen Todes auf, doch könnte sie – folgen wir Berichten Herodots – erwürgt oder vergiftet worden sein, um ihrem
Mann ins Grab zu folgen.

Im Inneren der Kammer wüteten Grabräuber. Sie zerschlugen
den Sarg, in dem das verstorbene Paar ruhte, rissen die Kleidung von den Körpern und trennten mit Gewalt Köpfe und
Gliedmaßen ab, wohl um an den goldenen Ringschmuck der
bereits gefrorenen Leichen zu kommen. Zum Zeitpunkt der
Ausgrabung lagen die verbliebenen Teile der Toten bereits neben dem Sarg. Der Holzsarg selbst war mit aus Leder ausge-
schnittenen Tierfiguren verziert, die man mit kleinen Nägeln zu
einem Fries befestigt hatte.

Der Oberkörper des Mannes war im jungen Mannesalter tätowiert worden (Abb. 6,6). Arme, Beine, Brust und Rücken zeigen phantastische Tierstilmotive, neben Huftieren auch Raubkatzen. Die Figuren wirken übertrieben bewegt, ihre Körper
unnatürlich zu S-Mustern verdreht, wobei eine starke Wand-
lungsfähigkeit der dargestellten Tiere zum Ausdruck kommt:
Spiralig eingerollte Schwänze werden zu Schlangenköpfen, Ge-
weihenden zu vogelkopfähnlichen Figuren usw. Ähnlich wie bei
der Verkleidung der Pferde aus den Kurganen I und II von Pazyryk haben wir es auch hier mit der Verwandlungs- und Umbil-
dungsfähigkeit der Tiere zu tun, die auch als sogenannte *zoo-
morphe Junktur* im Tierstil des Nordschwarzmeerraumes zum
Ausdruck kommt. Sicher weist die Tätowierung auch auf die
besondere Rolle des Verstorbenen hin, die sich jedoch nicht eindeutig umschreiben läßt. Die Darstellungen unterstreichen aber

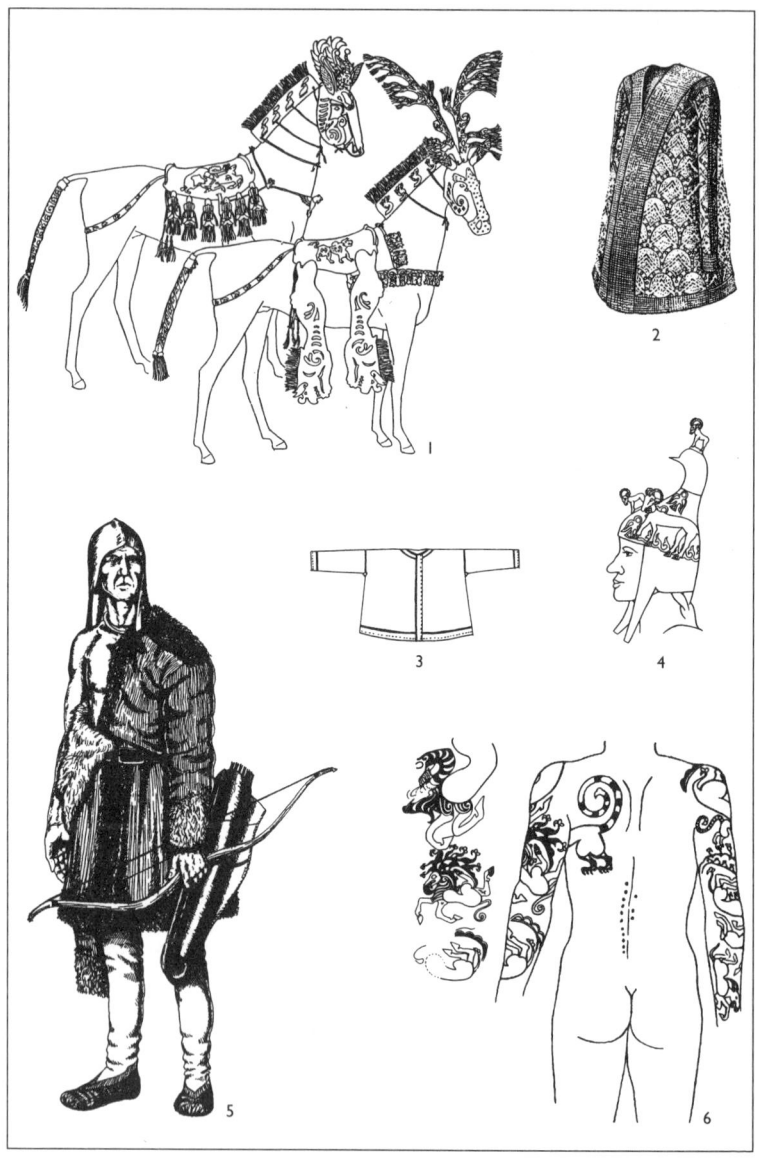

einmal mehr die Bedeutung der *theriomorphen Weltsicht* der Skythen und der mit ihnen verwandten Reiternomaden, die alle Kräfte und Mächte im Tierbild ausdrückt.

In den neueren Ausgrabungen der neunziger Jahre in Kurganen bei Ak-Alacha und Verch-Kaldžin auf dem Ukok-Plateau (Abb. 5,2; 6,4.5) konnte festgestellt werden, daß nicht nur die in den großen Fürstenkurganen vom Typus Pazyryk bestatteten Personen der obersten Führungsschicht tätowiert waren, sondern auch einfachere Krieger, wie z. B. in Kurgan 3 von Verch-Kaldžin 2. Ein ungewöhnlicher Befund stammt aus Hügel 1 von Ak-Alacha 1, wo man eine in typischer Frauentracht beigesetzte Frau fand, die aber tätowiert war und eine umfängliche Waffenausrüstung besaß. Es bleibt offen, ob wir hier einen Befund vor uns haben, der in Verbindung mit Herodots durchaus mythischer Amazonensage stehen könnte, oder ob hier aus uns unbekannten Gründen eine Frau die Funktion eines Mannes in der Gesellschaft oder auch nur – gleichsam symbolisch – im Grabbrauch übernehmen mußte. Jedenfalls lehren uns diese Befunde, daß Tätowierungen weder auf Männer noch auf die oberste Führungsschicht begrenzt blieben, wenngleich auch die Bestattungen des Ukok-Plateaus keinesfalls ärmlich waren und die dort Beigesetzten sicher über der einfachen Bevölkerung standen. Das gleiche soziale Niveau der in Pazyryk, Tuekta und Bašadar Beerdigten erreichten sie zweifellos nicht.

Entsprechendes gilt für die einbalsamierten Toten. Die Technik des Einbalsamierens ist in Pazyryk ebenso wie in Verch Kaldžin und Ak-Alacha nachgewiesen. Der Frauenkörper aus Kurgan II von Pazyryk ließ dabei Einzelheiten der Totenbehandlung feststellen, die man auch bei den ‹Mumien› des Ukok-Plateaus in weitgehend ähnlicher Weise angetroffen hatte: Der Unterbauch wurde geöffnet, um die Eingeweide zu entnehmen und die Bauchhöhle anschließend mit kurzgeschnittenen Sten-

Abb. 6: Die Pazyryk-Kultur in Berg-Altai. Geschmückte Prunkpferde (1), Bekleidungsstücke (2–5) und im Tierstil tätowierte Mumien (6) aus den Fürstengräbern von Pazyryk (1.3.6), Katanda (2) und Ak-Alacha (4.5).

geln und Wurzeln zu verfüllen, ehe man sie mit Pferdehaar wieder zunähte. Auf dem Rücken entfernte man einen Teil ihrer Muskeln von der Schulter bis zum Gesäß und setzte Riedgras ein. Die Haare des Kopfes wurden sorgfältig abrasiert, anschließend bohrte man den Schädel an, entnahm das Gehirn, verschloß diese Stelle und zog die Kopfhaut wieder darüber.

Die Kleidung der Toten aus Kurgan II von Pazyryk war kostbar, wurde aber nur mehr in Fetzen gerissen vorgefunden. Immerhin fanden sich noch Teile von Ärmelröcken und Umhängen sowie Hemden, ein Kopftuch, drei Ledergürtel, zudem Reste von Filzsocken und verzierte Halbstiefel aus Leder. Ein wahres Prunkstück bildete ein langer Mantel mit an der Innenseite aufgenähten Eichhörnchenfellen und Zierelementen aus Otter-, Zobel- und sogar Leopardenfell sowie aus Leder und Goldblech. Zur Tracht gehörten darüber hinaus aus Holz gefertigte Diademe und Halsreifen, die zum Teil mit Goldfolie überzogen waren. Sie zeigen Tierstilelemente, darunter Greifenköpfe, die gerne mit solchen der achaimenidischen Kunst verglichen werden. Überhaupt tritt die Vorliebe für das Greifenmotiv bei den künstlerischen Zeugnissen im Altai immer wieder deutlich hervor – also in einer Region, die sich in etwa mit Herodots Land der goldhütenden Greifen zu decken scheint. Es ist deshalb nicht abwegig, das Greifenbild ursprünglich für das Totem- oder Stammeszeichen eines tatsächlich existierenden Volkes dieser südsibirischen Teilregion zu halten.

Zur weiteren Ausstattung dieses fürstlichen Grabes gehörten unter anderem noch ein Silberspiegel sowie Musikinstrumente, darunter eine Trommel und ein lautenartiges Saiteninstrument. Goldene Ohrgehänge und Fragmente vom goldenen Kleidungsbesatz der Toten bezeugen, daß der Edelmetallanteil an der Grabausstattung vor dem Eindringen der Plünderer ursprünglich weitaus größer gewesen sein dürfte. Vor der Nordseite der Kammer lagen wieder die zugehörigen Pferde, deren Geschirr und Sattelzubehör ähnlich reich wie in Kurgan I verziert waren.

Von besonderer Bedeutung ist ferner ein Bronzekessel aus dem Inneren der Kammer. Er enthielt nämlich ausgeglühte Steine und Samen einer wilden Hanfart und diente offenbar dazu, berauschende Dämpfe hervorzubringen, was an die Überlieferung Herodots erinnert, der diese Bräuche als bei den Schwarzmeerskythen üblich beschreibt (S. 98). An einem darüber befindlichen Gerüst hing eine verzierte Lederflasche mit einem Vorrat an Hanfsamen. Ferner gehörte dazu ein Lederumhang, der mit Tierkampfbildern verziert war und sich auf Elche stürzende Löwengreifen zeigt. Dieser Umhang war offenbar Teil eines sogenannten Hanfrauschzeltes, von dem Herodot weiß und das im Totenritual der Schwarzmeerskythen ebenfalls Verwendung fand. Es ist bekannt, daß der Haschischrausch – besonders aber der Genuß anderer, härterer Drogen – zu phantastischen, ständig wechselnden Bildern führt, wobei Figuren ineinander übergehen und Fabelwesen entstehen können. Damit stellt sich die Frage, ob das theriomorphe (tiergestaltige) Weltbild der Skythen und anderer mit ihnen verwandter Reitervölker nicht hierdurch zu jenen phantastischen Übersteigerungen angeregt worden sein könnte, wie sie im Tierstil von Pazyryk zu beobachten sind.

Auch Kurgan V von Pazyryk zeigt hinsichtlich Aufbau und Ausgestaltung weitgehende Übereinstimmungen mit den anderen Großgrabhügeln dieses Ortes. Besonderes Aufsehen erregten jedoch mehrere Wandteppiche, die eingerollt außerhalb der Grabkammer niedergelegt wurden. Reste weiterer Teppiche fand man in der Kammer, deren Inneres sie zierten. Bis auf halbe Höhe der Kammerwände reichende Stäbe stützten offenbar eine Konstruktion, an der die Teppiche im Innenraum der Kammer in einer Weise aufgehängt waren, daß sie die Innenansicht eines großen quadratischen Zeltes imitierten.

Auf den Teppichen selbst begegnen mehrfach menschliche Darstellungen, was in der skythischen Kunst an sich ungewöhnlich ist. Ein großer, durch Ornamentstreifen in zwei horizontale Figurenfriese geteilter Teppich wiederholt immer wieder ein und dasselbe Motiv: Ein schnauzbärtiger Reiter mit Umhang und Goryt (Pfeilköcher und Bogenbehälter) auf einem Pferd mit geflochtenem Schwanz und gestutzter Mähne nähert sich einer sitzenden Figur. Diese hält ein Gerank aus Blüten und Knospen. Sie wurde oft als weibliche Gottheit interpretiert. Eine andere

Deutung stützt sich auf die Tatsache, daß der Kopf der sitzenden Figur unter der hohen Mütze offenbar keine Haare aufweist. Dies erinnert an Herodots Erzählung von den kahlköpfigen Argippäern – ein Volk, das den Skythen ja als friedfertig und sogar heilig galt und dem sie eine besondere Verehrung zuteil werden ließen. Ein anderer Wandteppich zeigt Frauen zu beiden Seiten eines Opferaltars. Die Darstellung der Frauen, insbesondere ihre Kopftracht, aber auch die Gestalt der Altäre sowie die dieses Bild umgebenden Friese mit hintereinander schreitenden Löwen zeigen unübersehbare Beziehungen zur achaimenidisch-persischen Kunst. Das altorientalische Erbe, das in all diesen figuralverzierten Teppichen steckt, ist nicht zu übersehen.

Neben den Beziehungen zum Iran bringen die Funde aus Kurgan V aber auch engere Kontakte der skythenzeitlichen Reiternomaden der Altai-Region mit China zum Ausdruck. In diesen Zusammenhang gehören mit Seide überzogene Satteldecken und Teppiche, chinesische Spiegel und Lackobjekte aus Pazyryk. Ferner stieß man außerhalb der Grabkammer auch auf einen zerlegten vierrädrigen Zeremonialwagen von bemerkenswertem Aussehen. Das vollkommen aus Holz gefertigte Gefährt war sicher nicht für den praktischen Gebrauch im Altai-Gebirge oder sonstwo in den südsibirischen Steppen geeignet, denn keine der beiden Achsen war beweglich, was seine Manövrierfähigkeit stark einschränkte; außerdem wirken die vier großen Speichenräder außerordentlich fragil. Der Wagenkasten bestand aus einem niedrigen Geländer mit gedrechselten Senkrechtstützen. Über dem Sitzplatz erhob sich ein hoher Aufbau aus dünnen Stangen, der ursprünglich sicher mit Stoffen bespannt war. Am ehesten erinnert dieses zerlegbare Gefährt an vergleichbare Zeremonialwagen aus China.

Interessant ist, daß zu seiner Verzierung plastische Schwanenfiguren aus Filz mit hängend ausgebreiteten Flügeln gehörten. Dies erinnert an die Schwanenwagenüberlieferung, die die Griechen mit den nach ihrer Vorstellung im fernen Nordosten lebenden Hyperboreern verbanden: Auf einem Schwanenwagen begab sich Apollon alljährlich zu seinem geliebten Volk, um dann im folgenden Frühjahr wieder nach Griechenland zurückzukehren. Daneben tritt in Pazyryk auch das Hahnmotiv auf, dem ebenfalls religiöse Bedeutung zukommen dürfte, die wiederum nach Iran weist: Die Griechen bezeichneten den Hahn als «medischen Vogel». Die weiteren Tiermotive der Pazyryk-Kultur, Hirsche, Elche und Rentiere, sind dagegen das geistige Erbe der nordeurasischen Waldzone, auf das wir auch im Zusammenhang mit dem Polarzyklus noch einmal zurückkommen werden.

Die Kunst der skythenzeitlichen Denkmäler des Altai-Gebirges vereinigt also verschiedene Traditionen und Vorstellungswelten miteinander, was auch mit der geographischen Lage dieser Region zusammenhängt, denn im Norden berührt sie die Waldzone, im Süden die Randgebiete Chinas und im Westen die von Saken bevölkerten Landstriche Südkazachstans, über die der intensive Einfluß aus dem achaimenidisch-persischen Bereich Südsibirien erreicht haben dürfte.

Zwischen Steppen und Oasen:
die Saken Mittelasiens

Das heute im Südosten Kazachstans gelegene Siebenstromland (russisch *Semireč'e*) schließt unmittelbar westlich an das Altai-Gebiet an und ist deshalb von entscheidender Bedeutung für die Verbindungen weiter nach Südwesten in den achaimenidisch-persischen Kulturbereich. Der Name Siebenstromland rührt von jenen sieben mächtigen Strömen her, die von den Nordausläufern des Tien Shan-Massivs aus Richtung Norden und Nordwesten fließen und entweder in den Balchaš-See münden oder etwas weiter westlich in der Betpak-Dala, der sogenannten Hungersteppe, versickern. Dieses Gebiet ist durch annähernd in West-Ost-Richtung verlaufende Täler auch mit der Turfan-Ebene und der Dzungarei verbunden und spielt deshalb für die Kontakte zum nordwestlichen China, insbesondere zu den Kulturen der Provinz Xinjiang, eine entscheidende Rolle.

Das Siebenstromland war ebenso wie die Randgebiete des Tien Shan und des Pamir als auch wie die Steppen und Flußoasen bis hin zum Aralsee von sakischen Stämmen bevölkert, deren

Lebens- und Wirtschaftsweise, Totenkult und Sachkultur viele Gemeinsamkeiten mit skythisch geprägten Reiternomaden der eurasischen Steppe aufwies. Eine Betrachtung der skythischen Welt von Tuva im Osten bis in den Nordschwarzmeerraum und sogar bis vor die Tore Mitteleuropas im Westen wäre deshalb unvollständig, würden wir uns nicht um eine wenn auch nur kursorische Charakterisierung dieses Raumes bemühen.

Archäologische Funde aus skythisch-sakischen Zusammenhängen setzen im Siebenstromland bereits in der frühskythischen Zeit ein, also sicher im 7./6. Jh. v. Chr., ob sie allerdings ähnlich wie in Tuva, dem Minusinsker Becken und der Altai-Region bis in das ausgehende 9./8. Jh. v. Chr. zurückreichen, scheint derzeit fraglich.

Ab dem 6./5. Jh. v. Chr. steigt die Zahl der sakischen Fundstellen plötzlich überdurchschnittlich stark an, ehe die sakische Kultur dieses Raumes gegen Ende des 3. Jh. v. Chr. ein Ende findet, als aufgrund erneuter Bevölkerungsverschiebungen in Innerasien neue Stämme nach Westen abwandern, in deren Zusammenhang die Usun im Südosten Kazachstans erscheinen und die dort ansässigen sakischen Stämme vertreiben oder überschichten. Diese Ereignisse im Siebenstromland sind Teil jener fundamentalen Veränderungen im gesamten eurasischen Steppengürtel, in deren Zuge in Südsibirien die Hunnen und weiter westlich im Nordschwarzmeerraum die Sarmaten der skythischen Kultur ein Ende bereiten.

Ähnlich wie in vielen Teilregionen Eurasiens entstehen ab dem 6./5. Jh. v. Chr. auch im Siebenstromland große Kurgangräberfelder mit monumentalen Fürstengrabhügeln, so z. B. in Issyk, Turgen' oder Beššatyr. Sie zeugen von Wohlstand in dieser Region, der zu sozialer Schichtung führte, wie wir sie auch anderswo feststellen. Diese gesellschaftliche Ungleichheit drückt sich bei den Saken ebenso wie bei den Skythen und zeitgleich existierenden reiternomadischen Stämmen Südsibiriens in erster Linie im Grabbrauch aus.

Als eines der zentralen und bedeutendsten sakischen Fürstengräber gilt der Kurgan von Issyk, ca. 50 km östlich von Almaty gelegen (Abb. 7). Die Aufschüttung hatte einen Durchmesser

von 60 m und war 6 m hoch. Bei den Ausgrabungen stieß man
auf ein völlig ausgeplündertes Zentralgrab. Südlich davon kam
jedoch eine weitere Grabkammer zum Vorschein, die unberührt
war und einen sensationellen Befund erbrachte: das ungestörte
Grab eines sakischen Fürsten. Im Norden einer rechteckigen,
sorgfältig aus Lärchenbalken gezimmerten Kammer ruhte ein
jugendlicher Mann europiden Typs in gestreckter Rückenlage,
wie dies für nahezu sämtliche skythenzeitlichen Bestattungen
zwischen Dnestr und Jenissei typisch ist. Der südliche und westliche Kammerbereich war mit Tischen und Tabletts aus Holz
sowie Gefäßen und verschiedenartigen Behältern aus Holz,
Bronze, Silber und Ton bedeckt. Der Verstorbene selbst trug
eine hohe, spitz zulaufende Kopfbedeckung, als Oberbeklei-
dung eine kaftanartige Ärmeljacke, eine Hose sowie halbhohe
Stiefel. Die gesamte Bekleidung bestand entweder aus rotem
Filzstoff oder war mit diesem überzogen. Auf diesen roten Tex-
tilien waren – von Kopf bis Fuß – schließlich ca. 4000 figuralverzierte Goldbleche verteilt, auch seine Waffenausstattung
(Dolch und Schwert) waren mit Gold inkrustiert, was dem Verstorbenen dieses Grabes den Beinamen ‹goldener Mann von Issyk› einbrachte. Darüber hinaus fand sich eine Silbertasse mit
einer runenartigen Inschrift, dem bis heute ältesten sakischen
Schriftzeugnis, das allerdings noch nicht entziffert werden
konnte. Trotz etlicher Unterschiede erinnert die Tracht des ‹goldenen Mannes von Issyk› an Befunde aus dem Altai und vor
allem an das Fürstenpaar des Kurgans Aržan 2, dessen Bekleidung man in teilweise ähnlicher Weise wird rekonstruieren dürfen. Doch der Fund von Issyk ist etwas jüngeren Datums und
wohl dem ausgehenden 6. bzw. frühen 5. Jh. v. Chr. zuzuweisen,
während Aržan 2 dem späten 7. Jh. v. Chr. angehört.

Unmittelbar südlich des Siebenstromlandes erstrecken sich
die Hochtäler des Tien Shan, die ebenfalls sakische Kurgane
bergen, von denen unzählige erforscht wurden, die aber überwiegend dem Ende der sakischen Periode und der darauf folgenden Hunnenzeit zuzuweisen sind. Diese Gebirgsregionen
sind überaus reich an Kupfer-, Zinn- und Goldvorkommen, die
vielleicht auch den Wohlstand des vorgelagerten Siebenstrom-

landes ausmachten. Gerade um den Issyk-Kul' entdeckte man Hortfunde mit Bronzegefäßen, aber auch bronzenen Opfer- bzw. Kulttischen. Letztere bestanden aus rechteckigen bis qua- dratischen Platten auf durchbrochenen Hohlfüßen, deren Rän- der von plastischen Figurenfriesen umgeben waren und insge- samt stark chinesische Einflüsse erkennen lassen. Jedenfalls weisen die Objekte auf ein hochentwickeltes Bronzegießerhand- werk hin, dessen Werkstätten bislang aber noch nicht lokalisiert werden konnten.

Über die westlichen Ausläufer des Tien Shan, den Talas Ala- tau und besonders durch das Becken des Naryn drangen diese sakischen Stämme nach Süden bis in die Fergana vor, die heute überwiegend zu Uzbekistan gehört. In dieser Landschaft mit ih- rer jahrhundertealten Oasenkultur mit ortsfesten, stadtartigen Siedlungen und weit entwickelter Landwirtschaft faßten die Sa- ken aber offenbar nie richtig Fuß. Sie hinterließen vereinzelt Kurgane und auch Reste ihrer materiellen Kultur, wie z. B. Tier- stilobjekte oder Teile der Bewaffnung. Dies belegt, daß es Wech- selwirkungen und eine gewisse Koexistenz zwischen der land- wirtschaftlich und urban orientierten Oasenbevölkerung und den Nomadengruppen aus den Bergregionen unmittelbar nörd- lich der Fergana gegeben haben muß, ohne daß sich diese je- doch beim gegenwärtigen Forschungsstand genauer darstellen ließen. Die sakischen Nomadenstämme bewahrten weiterhin die Besonderheiten ihres Grabkults und ihres Totenrituals, wie die Nekropolen im Naryn-Tal zeigen. Dabei fällt lediglich auf, daß die darin entdeckten Tongefäße mit ihrer charakteristischen Bemalung und den kennzeichnenden Formen nichts mehr mit der Tradition der Steppe zu tun haben, sondern aus den Oasen- siedlungen der Fergana (der sogenannten *Ejlatan-Kultur*) über- nommen wurden.

Sakische Nomadengruppen erschienen aber auch südlich der Fergana und an der Peripherie Baktriens, wohin sie aus dem zentralen Tien Shan vorgedrungen sein dürften. Im heute

Abb. 7: Die Saken in Semireč'e (Siebenstromland), Südostkazachstan. Das Fürstengrab von Issyk (1–3) und andere sakische Fundstücke (4–9).

im Osten Tadžikistans gelegenen Pamir-Gebirge sind sakische Kurgane ausgesprochen zahlreich und finden sich vielfach in 3500–4000 m Höhe. Etliche von ihnen hatte man in der Vergangenheit ausgegraben, und ihr Fundgut weist enge Beziehungen zum skythisch-sakischen Material aus dem Siebenstromland, aber auch aus Südsibirien auf.

Daß wir über die Wanderbewegungen dieser Nomadengruppen in den zentralasiatischen Gebirgsregionen noch längst nicht ausreichend informiert sind, zeigen skythisch-sakische Neufunde im nordpakistanischen Karakorum-Gebiet am oberen Indus. Zu den besonders herausragenden Stücken dieser Region zählt der berühmte Goldhalsring von Pattan. Das 16 kg schwere und aus massivem Gold bestehende Stück aus einer Raubgrabung war bereits in Stücke zerhackt und zum Einschmelzen vorbereitet, als es für die Nachwelt gerettet werden konnte. Der Ring war umlaufend mit ineinander geschachtelten Tierbildern verziert, die nur aus der skythischen Kunst der nördlichen Steppe verständlich sind und am oberen Indus zweifellos nicht heimisch waren. Die engen Übereinstimmungen etlicher Materialien mit den Funden aus dem Pamir sprechen dafür, daß diese nomadisierenden Sakengruppen offenbar über den Pamir nach Süden vorgedrungen waren und dabei sogar den Indus erreichten. Immerhin berichtet die Überlieferung – wenn auch für wesentlich spätere Zeit – von indo-skythischen bzw. indo-sakischen Fürstentümern in der Indus-Ebene, die dort um die Zeitenwende entstanden, sich aber nicht allzu lange halten konnten und weitgehend spurlos verschwanden. Offenbar gingen diesem Zustrom aus Norden im 1. Jh. v. Chr. auch ältere, skythenzeitliche Bevölkerungsverschiebungen in dieser Richtung voraus, die allerdings nur archäologische Spuren hinterließen, die wir erst allmählich zu erfassen und in ihrem Gesamtkontext zu verstehen beginnen.

Sakische Stämme wandten sich vom Siebenstromland aus aber auch nach Westen, erreichten dort den Jaxartes (Syr-Dar'ja) und folgten ihm flußabwärts bis in die Mündungsdeltas am Aralsee. Die ständige Verlagerung der Flußläufe im Mündungsbereich des Syr-Dar'ja hatte erhebliche Auswirkungen auf

die Besiedlungsgeschichte dieser Region, so auch auf die saken-
zeitliche. Hinterlassenschaften des Neolithikums und der Bronzezeit traten vor allem ganz im Südwesten, im Becken des Inka-
Dar'ja, auf, wo die Besiedlung schließlich in frühsakischer Zeit
endete, als dieser Arm trocken fiel und sich die Niederlassungen
ab der Mitte des 1. Jt. v. Chr. nach Norden verlagert hatten; die
Terrassen am Inka-Dar'ja wurden erst im 16. Jh. wieder aufgesucht.

Zu den bedeutendsten sakischen Denkmälern im Mündungsbereich des Syr-Dar'ja gehören die Nekropolen von Tagisken-
Süd und Ujgarak (Abb. 8), die etwa in das 7.–5. Jh. v. Chr. datiert werden, also in die frühsakische Periode. Die Grabanlagen
bestanden aus einfachen Erdhügeln, die nicht übermäßig groß
waren und eine rechteckige Grabgrube mit dem Verstorbenen in
gestreckter Rückenlage und dem Kopf in westlicher oder nörd-
licher Richtung, wie es skythisch-sakische Sitte war, überdeck-
ten. Um die Grabgrube herum ließen sich hier häufig runde
oder rechteckige Pfostenkonstruktionen feststellen, sogenannte
Totenhäuser, die die Grabgrüfte bargen. Sie wurden jedoch vor
der Errichtung des Kurgans wieder entfernt, in manchen Fällen
auch abgebrannt, hatten also nur eine zeitlich begrenzte Funktion innerhalb des Totenrituals dieser Region. Das gesamte
Fundinventar dieser Gräber (Abb. 8), Teile der Bewaffnung, das
Pferdegeschirr usw., zeigt enge Übereinstimmungen mit den anderen ‹sakischen› Regionen im nördlichen Mittelasien und fügt
sich überdies bruchlos in die skythische Formenwelt des
7.–5. Jh. v. Chr. Dabei finden sich auch hier am unteren Syr-
Dar'ja Anzeichen für soziale Differenzierung, wenngleich aus
dieser Region keine mit Issyk oder Beššatyr vergleichbaren
Monumentalanlagen bekannt sind. Der gesellschaftliche Stand
wurde bei den sakischen Stämmen am Aralsee offenbar weniger
in der Größe des Kurgans, sondern eher durch die Art der Ausstattung zum Ausdruck gebracht, wobei die Führungsschicht
sich durch goldgeschmückte Bekleidung und vergoldete Waffen
kennzeichnete.

Das weitere Schicksal dieser Gruppen ab dem 5. Jh. v. Chr. ist
unklar. Die Landstriche am Inka-Dar'ja mußten um die Mitte

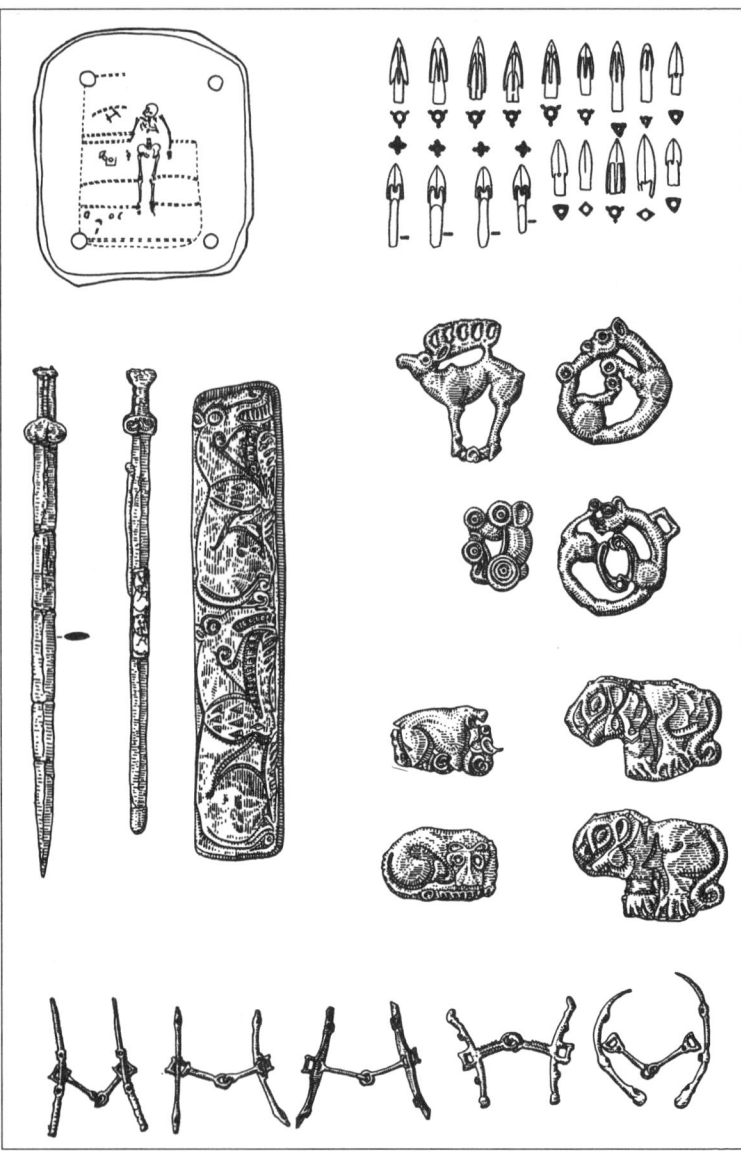

des 1. Jt. v. Chr. aufgegeben werden, und die Besiedlung verlagerte sich weiter nach Norden an den Žany-Dar'ja, einen anderen Altarm des Syr-Dar'ja, wo bald nach der Mitte des 1. Jt. v. Chr. die sogenannte *Čirikrabat-Kultur* entstand, für die stadtartige Ansiedlungen mit Befestigungen, öffentlichen Gebäuden, künstlich bewässerten landwirtschaftlichen Nutzflächen etc. typisch waren, wobei die Monumentalarchitektur achaimenidische Einflüsse zu erkennen gibt. Eine massive Zunahme auch unbefestigter, dörflicher Niederlassungen darf als Niederschlag starken Bevölkerungswachstums bewertet werden, das ein Ausmaß erreicht haben dürfte, das nach übergeordneter Organisation und Kontrolle verlangte, wie es die Zugehörigkeit zu einer persischen Satrapie geboten haben könnte. Rein sakische Denkmäler bzw. Kurgane fehlen hier nach dem 5. Jh. v. Chr.; entweder zogen diese Stämme wieder aus dem Syr-Dar'ja-Mündungsbereich ab oder – was wahrscheinlicher ist – gingen in der Čirikrabat-Kultur auf.

Ähnlich wie der von Westen aus in den Aralsee einmündende Syr-Dar'ja bildete auch der von Süden kommende Amu-Dar'ja ein Delta aus, das durch extreme hydrologische Instabilität gekennzeichnet war, was zu fortwährenden Verlagerungen der Siedlungsräume führte. Im Verlaufe des 1. Jt. v. Chr. bestand in dieser Hinsicht jedoch eine gewisse Stabilität, was zur Ausbildung des altchorezmischen Staates führte. Antike Schriftsteller erwähnen für diese Region Saken und Massageten, die in enger Koexistenz mit der in den Oasen in stadtartigen Niederlassungen ansässigen und entwickelte Landwirtschaft treibenden Bevölkerung lebten. Seßhaftigkeit, organisiertes Siedeln, Ansätze zu Großsiedlungen, künstliche Bewässerung und andere Kulturzeugnisse blicken auf dem Gebiet Chorezmiens auf eine lange Tradition zurück. Dennoch kam es mit der Entstehung der altchorezmischen Kultur zu einer historischen Zäsur. Möglicherweise stellte sich der entscheidende Impuls zu dieser Entwick-

Abb. 8: Die Saken am Aralsee. Funde und Befunde aus sakischen Kurganen von Tagisken und Ujgarak, Mündungsdelta des Syr-Dar'ja (Jaxartes).

lung während der zeitweisen Zugehörigkeit zum achaimenidischen Reich ein, doch der weitere Weg Chorezmiens mündete schließlich in einen eigenen, von den Persern unabhängigen Staat. Chorezmien blieb danach auch unter Alexander dem Großen selbständig, dem es lediglich Truppenverbände für seinen Feldzug durch Baktrien bis an den Indus zur Verfügung gestellt hat.

An der Peripherie Chorezmiens, insbesondere im Westen des Amu-Dar'ja-Mündungsdeltas, lassen sich jedoch zur selben Zeit auch nomadisierende Stämme durch zahllose Kurgangruppen archäologisch fassen (sogenannte *Kujusaj-Kultur*), wobei Totenritual und materielle Kultur Verbindungen zu den sakischen Gruppen am Syr-Dar'ja oder noch weiter östlich erkennen lassen, man aber dennoch von anderen Stammesgruppierungen ausgehen sollte. Möglicherweise handelte es sich dabei eher um Massageten als um Saken, doch sind unsere Kenntnisse über die ethnische Gliederung dieses Raumes während des Altertums letztlich zu spärlich und vage, als daß sich eine genauere Interpretation dieser Denkmäler vornehmen ließe. Interessant scheint lediglich, daß der altchorezmische Staat aber ganz offensichtlich versuchte, diese Stämme stärker unter Kontrolle zu bringen, wie der ab dem 4. Jh. v. Chr. zu beobachtende Bau vorgeschobener Festungen in ihrem Gebiet deutlich zeigt. In der Folgezeit gleichen sich jedoch die materiellen Hinterlassenschaften von Kujusaj- und altchorezmischer Kultur so weit an, daß nur mehr mit Mühe Unterschiede auszumachen sind: Die Nomaden der Kujusaj-Kultur waren in die Oasenkultur Altchorezmiens integriert und kein ihr fremder Bestandteil mehr.

Sauromaten und frühe Sarmaten
an Ural und unterer Wolga

Die Sauromaten traf man als Nomaden in den Steppen jenseits vom Don bis an die Hänge des Südurals weiter im Osten. Sie schließen damit gewissermaßen die Lücke zwischen den skythenzeitlichen Völkern und Kulturen Sibiriens sowie den Saken auf der einen und den Skythen des Nordschwarzmeerraumes

auf der anderen Seite. Ihre Sprache soll eine Abart des Skythischen gewesen sein, das sie nur sehr schlecht beherrschten. Gegenüber den Skythen gelang es ihnen aber, eine gewisse Selb-
ständigkeit zu bewahren. Herodot nennt sie als östliche Nachbarn der Königs-Skythen, die auch am Bündnis zur Abwehr des
Persereinfalls unter Dareios I. (513 v. Chr.) beteiligt waren. Im
Süden schließen die Maioten an sie an. Nach ihrer ebenfalls
von Herodot überlieferten Stammessage (IV 110 ff.) waren die
Sauromaten Abkömmlinge einer Verbindung zwischen Skythen
und Amazonen. Letztere wären angeblich von den Griechen
aus Kleinasien verschleppt worden, hätten sich aber befreit und
wären mit ihren Schiffen bis in die Maiotis, das Asovsche Meer,
verschlagen worden. Dort hätten sie Pferde gestohlen und das
Skythenland plündernd durchzogen. Erst nach einiger Zeit
bemerkten die skythischen Krieger, daß sie es mit als Männer
verkleideten Frauen zu tun hatten. Daraufhin schickten die
Skythen eine Jungmannschaft aus, die Verbindungen zu den
Amazonen knüpfen sollte. Dieser Plan glückte, und man zog
gemeinsam in die Gebiete östlich des Tanais (Don). Dort be-
hielten die Amazonen aber ihre männliche Lebensweise und
Tracht bei.

In dieser Sage – deren Einzelheiten sicher ins Reich der Fabel
gehören – kommt einerseits die Verwandtschaft zwischen Skythen und Sauromaten zum Ausdruck, andererseits fiel den Griechen wohl auf, daß zwischen skythischen und sauromatischen
Frauen erhebliche Unterschiede bestanden – in ihrer Bekleidung
ebenso wie in ihrer Stellung gegenüber den Männern. Auch spätere Autoren, wie Diodor (1. Jh. v. Chr.) und Pomponius Mela
(1. Jh. n. Chr.), bestätigen dies. Nach Herodot konnte keine sau-
romatische Jungfrau heiraten, solange sie keinen Feind erschla-
gen hatte. Und Bogenspannen, Reiten und Jagen war schon bei
jungen Mädchen bevorzugte Tätigkeit. Zu diesen Nachrichten
scheinen Gräber von Frauen mit Waffenausstattung aus diesem
Raum zu passen. Dabei sollte jedoch nicht übersehen werden,
daß diese eher eine Ausnahme und keinesfalls die Regel darstellen. Außerdem kommen vereinzelte Frauenbestattungen mit
Waffenbeigaben auch in anderen Gebieten vor, für die die an-

tike Überlieferung nicht von ‹Amazonen› spricht, so z. B. im Altai-Gebirge (S. 51).

Das Gebiet der Sauromaten erstreckt sich östlich des Don und reicht 15 Tagesreisen nach Norden. Ähnlich wie Skythien war es völlig unbewaldet. Wichtige Handelswege führen von Olbia und anderen griechischen Pflanzstädten an der nördlichen Schwarzmeerküste durch Skythien und weiter durch das Sauromatenland tief nach Nordosten, was die Bedeutung dieser Region als ‹Drehscheibe› zwischen dem Westen und dem Osten des eurasischen Steppenraumes unterstreicht. Die archäologischen Funde bringen dies ebenfalls zum Ausdruck, nicht nur zur Skythenzeit, sondern auch während älterer und jüngerer Perioden.

Aufgrund der schriftlichen Nachrichten interpretierte man bereits seit dem frühen 20. Jh. sämtliche skythenzeitlichen Materialien des Raumes zwischen Don und südlichem Ural-Vorland als sauromatisch, was seither kaum mehr in Zweifel gezogen wurde, obwohl es Hinweise auf starke Unterschiede zwischen der Sachkultur an Don und unterer Wolga und jener aus dem südlichen Ural-Gebiet gibt, die eher an verschiedene Kulturen als an eine einzige in diesem Raum denken lassen. Wie auch immer man die archäologische Überlieferung der frühen Reiternomaden im einzelnen deuten möchte, Tatsache ist, daß sie dort etwa im 7. Jh. v. Chr. einsetzt und etwa bis ins 4. Jh. v. Chr. andauert. Bewaffnung, Pferdegeschirr, Trachtbestandteile, Tierstilerzeugnisse und anderes Material (Spiegel, Bronzekessel, Keramik usw.) weisen zahlreiche Übereinstimmungen mit skythenzeitlichem Fundstoff der Nordschwarzmeersteppen, aber auch des nördlichen Kaukasus-Vorlandes auf, und selbst Verbindungen nach Westsibirien bzw. Nordkazachstan lassen sich aufzeigen.

Im Verlauf des 4. Jh. v. Chr. vollzieht sich jedoch ein Wandel – aus der sauromatischen Kultur entsteht die frühsarmatische. Schon die antiken Schriftsteller sehen die Sauromaten als Vorfahren der Sarmaten, die dann ab der Wende vom 3. zum 2. Jh. v. Chr. in die nordpontische Steppe einbrachen und sich dieser Gebiete bemächtigten, wobei die dort ansässige skythische Bevölkerung größtenteils in ihnen aufging; nur geringe Teile zogen sich auf die südlichen Krim zurück. Eine Kontinuität zwischen

sauromatischer und frühsarmatischer Kultur läßt sich zwar aufzeigen, doch ist sie keinesfalls so eng, daß damit der kulturelle
Wandel befriedigend erklärt wäre; ein Zustrom neuer Gruppen
von Osten ist nicht auszuschließen, zumal es in Innerasien zur
selben Zeit wieder zu großräumigen Bevölkerungsverschiebungen kommt, in deren Zuge unter anderem die Hunnen in unser
Geschichtsbild treten.

In diese Zeit des Übergangs von der sauromatischen zur sarmatischen bzw. frühsarmatischen Zeit gehört eines der heraus-
ragendsten Inventare dieses Raumes, das Fürstengrab von Filippovka, zweifellos die Grablege eines Stammesfürsten, nahe der
Mündung des Ilek in den Ural gelegen. Die Bestattung wird dem
4. Jh. v. Chr. zugewiesen und ist damit zeitgleich mit den meisten Prunkgräbern der Schwarzmeerskythen weiter westlich. In
Filippovka führte ein schmaler, langer und am Anfang mit einer
Treppe versehener Dromos (Gang) in eine geräumige, runde
Grabgrube, in der ursprünglich eine offenbar zeltartige Holzkonstruktion über dem Grab errichtet war. Die Ausgrabungen
des bereits beraubten Kurgans erbrachten noch ein überaus reiches Inventar: Schwert und Dolch aus Eisen mit vergoldetem
Griff und goldinkrustierter Klinge, goldener Riemenschmuck
vom Pferdegeschirr, Gold- und Silbergefäße, zahllose theriomorphe Randbeschläge von Holzgefäßen, Hirschfiguren aus
Goldblech über hölzernem Kern und vieles mehr. Die Darstellungen von Hirschen, Raubtieren, Raubvogelköpfen oder Rei-
tern lassen das Erbe skythischen Tierstils noch deutlich erkennen, gehen andererseits in der Art ihrer Ausführung aber bereits
darüber hinaus.

Trotz vieler Gemeinsamkeiten offenbart der Fund von Filippovka eine den Schwarzmeerskythen bereits fremde künstlerische
Ausdrucksweise, die aber auch östlich des Urals wenig Vergle-
che findet. Insofern ist die Eigenständigkeit dieses Raumes trotz
seines ganz offensichtlichen Eingebundenseins in die Lebens-
und Vorstellungswelt der frühen Reiternomaden der Skythenzeit festzuhalten.

Die Skythen im Nordschwarzmeerraum

Land und Leute

Aufgrund der antiken Schriftquellen ist es nur in den Nord-schwarzmeersteppen möglich, archäologische Fundmaterialien mit den Skythen in Verbindung zu bringen. Die moderne archä-ologische Forschung faßt den Skythen-Begriff bisweilen gerne weiter und überträgt ihn auch auf Völkerschaften, die lediglich Nachbarn der Skythen und durch eine ähnliche Lebensweise mit ihnen verbunden waren.

Geographisch wird Skythien von Anfang an durch die Step-pengebiete unmittelbar nördlich der Küste des Schwarzen Mee-res von der unteren Donau im Westen bis zum Don im Osten bestimmt. Griechische und vorderasiatische Quellen beziehen mitunter auch den Kaukasus ein, was verständlich ist, weil die Skythen von hier aus nach Vorderasien einbrachen. Andererseits liefern gerade die Gegenden nordwärts des Kaukasus-Haupt-kammes, man denke an die Kuban-Region, zahllose skythische Denkmäler, insbesondere solche frühskythischer Zeit aus dem 7. und 6. Jh. v. Chr. Die Autoren des 5. und 4. Jh. v. Chr. hingegen, Herodot, Hippokrates oder Pseudo-Skylax, begrenzen Skythien im Osten am Don und beziehen Kaukasien nicht mehr mit ein. Dies entspricht insofern den Tatsachen, als sich ab dem 5. Jh. v. Chr. auch der archäologische Befund zu ändern beginnt und am Kuban trotz starker skythischer Einflüsse und unübersehba-rer enger Bindungen an die Skythen ein gesonderter Kulturraum mit seinen eigenen Charakteristika entsteht, die Maiotis.

Die Hauptquelle für die Bestimmung der geographischen Lage Skythiens ist Herodot. Nach ihm bildet das alte Skythen-land ein Quadrat, von dem zwei Seiten durch die Küste gebil-det werden. Von der Donau-Mündung bis zum Dnepr rechnet Herodot zehn Tagesreisen und ebensoviele vom Dnepr bis zum Asovschen Meer, der Maiotis. Zwanzig Tagesreisen veran-

schlagt er auch für die Ausdehnung von der Küste des Schwarzen Meeres ins Landesinnere bis zu den nördlichen Nachbarn
der Skythen, den Melanchlainern («Schwarzmänteln»). In diesem Quadrat von 4000 Stadien (antikes Längenmaß) bildet der
Borysthenes (Dnepr) die Mittelachse. Daneben nennt Herodot
noch sieben weitere wichtige Flüsse, die vom Meer flußaufwärts
schiffbar waren: Istros (Donau), Tyres (Dnestr), Hypanis (Süd-
licher Bug), Pantikapes, Hypakyris, Gerrhos und Tanais (Don).
Pantikapes, Hypakyris und Gerrhos sind dabei nicht eindeutig
identifiziert. Zum Pantikapes heißt es, er fließe von Norden her
durch ein bewaldetes Gebiet, Hylaia, und münde in den Dnepr;
wahrscheinlich ist damit der Ingulez gemeint, der durch ein bewaldetes Flußtal in den unteren Dnepr einfließt.

Der Borysthenes (Dnepr) sei der am reichsten gesegnete Fluß
Skythiens, den Herodot mit dem Nil vergleicht. In ihm lebten
die meisten Fische, er habe das reinste Wasser, und an seinen
Ufern erstreckten sich die schönsten Weiden und fruchtbarsten
Felder (IV 53). Alle Flüsse Skythiens, mit Ausnahme des Borysthenes und des Gerrhos, läßt Herodot in Sümpfen und Seen ent-
springen, was möglicherweise mit verschwommenen Berichten
über die sumpfigen Waldgebiete weit im Norden im heutigen
Weißrußland zusammenhängt – kannten die Griechen von all
diesen Flüssen doch nur die jeweiligen Unterläufe.

Der Gegensatz zwischen dem rauhen Klima Skythiens und
den milden Temperaturen im griechischen Mutterland führte zu
überzogenen Aussagen der antiken Schriftsteller. So schreibt
etwa Herodot, daß den größten Teil des Jahres dort strenger
Winter herrsche und die übrigen vier Monate ebenfalls sehr kalt
seien. Wasser, das man ausschütte, würde sofort zu Eis gefrieren
und könne erst durch Feuer wieder aufgetaut werden (IV 28).
Ferner berichtet er, daß das Meer und der Kimmerische Bosporus zufrören. Der nördliche Teil Skythiens sei wegen seiner un-
erträglichen Kälte und ständigen Schneefalls sogar gänzlich un-
bewohnbar. Ähnlich äußert sich Dionysios im 2. Jh. n. Chr., der
die Bewohner der skythischen Ebene unglücklich nennt (*Periegetes* 668). Dionysos zufolge sei bei ihnen ewig Schnee und
durchdringender Frost, wobei furchtbare Stürme die Kälte noch

verstärkten; wenn es ganz schlimm käme, so würden die Bewohner dieser Landstriche auf ihren Fuhrwerken sogar in andere Gegenden fahren und ihr Land freiwillig den kalten, rasenden Winden überlassen.

Das düstere Bild ständig rauhen Winters, der niemals von einem Frühling gemildert wird, verstärkt auch der römische Dichter Ovid, den Kaiser Augustus im Jahre 5 n.Chr. nach Tomis, der milesischen Kolonie am Westufer des Schwarzen Meeres (heute Constanţa), in die Verbannung geschickt hatte. Und obwohl die dortigen klimatischen Bedingungen bekanntlich ausgesprochen moderat und angenehm sind, schreibt Ovid nach Rom, daß man ihn am Ende der Welt, in den äußersten Gebieten des kalten Skythien, unter der froststarrenden Achse der Bärin und fast wie am Pol selbst zu leben gezwungen habe. In seinen Versen beklagt er die ewige Kälte, den eisigen Himmel, die vom weißen Schnee stets bedeckte Erde. Ihm zufolge könne man dort den Wein nicht trinken, sondern müsse ihn – weil sofort gefroren – in Stücke zerteilen. Am Ende erklärt Ovid gar, daß sein Aufenthalt in Tomis am Rande Skythiens, wo es nichts Grünes gäbe, kein Leben, sondern eine Art Tod sei.

Natürlich übertreibt Ovid maßlos, wohl in der Hoffnung, dadurch Augustus erweichen und eine Begnadigung vom Los der Verbannung erreichen zu können. Denn die Gebiete an der Nordküste des Schwarzen Meeres zeichneten sich – wie andere Schriftsteller berichten – durch ein sehr mildes Klima aus, waren fruchtbar und reich an Getreidekulturen, Obsthainen und Weingärten. Man braucht zum Vergleich nur Strabon heranzuziehen, der eben nicht nur die strenge Winterkälte am Kimmerischen Bosporus hervorhebt, sondern auch die Sommerhitze in dieser Gegend erwähnt (VII 3,18). Plinius (der Ältere) erzählt, daß die Bewohner am Bosporus nicht nur Äpfel, Birnen und Weintrauben, sondern sogar auch ausgesprochen anspruchsvolle Früchte wie Granatäpfel und Feigen züchten (*Naturalis historiae* XVI 137). Dennoch bleibt der scharfe Frost des ewigen skythischen Winters in der Antike sprichwörtlich und prägt das allgemeine Bild von Skythien schlechthin.

Eine Lokalisierung der skythischen Stämme ist schwierig,

weil Herodot die genauen Verhältnisse nicht kannte und in seinen Schilderungen die Entfernungen nach Tagesreisen von skythischen und griechischen Kaufleuten übernahm. Dennoch lassen sich aus seiner Überlieferung ungefähre Anhaltspunkte für
die ethnische Gliederung Skythiens und seiner Nachbarregio-
nen gewinnen. Der Borysthenes (Dnepr) erscheint dabei als Kul-
turscheide im Skythenland. An seinen Ufern wohnten die sogenannten Ackerbau-Skythen. Westlich schlossen daran die Kallipiden und die Alizonen an. In einem Dekret des 3. Jh. v. Chr. aus
Olbia werden die Kallipiden als gemischte Hellenen bezeichnet,
weshalb die Forschung auch von Helleno-Skythen spricht. Die
Alizonen wären ein Skythenstamm, der vom Getreidebau lebte
und außerdem Zwiebeln, Knoblauch, Linsen und Hirse an-
pflanzte (IV 27). Nördlich der Kallipiden, irgendwo zwischen
Südlichem Bug und Dnestr, lebten die Pflüger-Skythen.

Ebenfalls für die Gegend am Dnepr, aber östlich der Ackerbau-Skythen, nennt Herodot die nomadischen Skythen, die weder säten noch pflügten (IV 29). Sie bevölkerten die Steppengebiete mit ihren Herden und Wohnwagen. Wahrscheinlich besaßen sie auch zelt- und jurtenartige Behausungen. Wohl auf diese
Nomaden-Skythen dürfte sich jene Bemerkung Herodots beziehen, daß ein Volk unüberwindlich und unnahbar sei, das weder
Städte noch Burgen baut, seine Häuser mit sich führt, Pfeile
vom Pferde herab schießt, nicht vom Ackerbau, sondern von
der Viehzucht und auf Wagen lebt. Das Gebiet der nomadischen
Skythen erstreckt sich weit nach Osten bis zum Gerrhos, einem
nicht genauer identifizierten Nebenfluß des Dnepr.

Jenseits des Gerrhos lägen die Siedlungsgebiete der Königs-
Skythen, die über alle andere Skythenstämme herrschten. Herodot läßt ihr Gebiet im Süden bis auf die Krim und an das Asovsche Meer, im Osten bis an den Tanais (Don) reichen (IV 20).
Die Verbreitung skythischer Fürsten- oder Königsgräber mit reicher Prunkausstattung und monumentalen Grabanlagen reicht
jedoch weit über dieses Gebiet hinaus, das Herodot für die Königs-Skythen absteckt. Solche scheinbaren Widersprüche sollten
aber nicht verwundern, denn Herodot selbst hat Skythien nie
bereist, sondern war auf Gewährsleute angewiesen, die ihm si-

cher bisweilen auch fehlerhaft oder subjektiv verzerrt berichteten. Als weitere Quelle lag ihm die Erdbeschreibung des Hekataios von Milet vor. Es scheint demnach mehr als verständlich, daß die Aneinanderreihung skythischer Stämme nach Herodot etwas schematisch wirkt und nicht in allen Einzelheiten mit der geographischen und archäologischen Situation in der heutigen Ukraine sowie in Südrußland übereinstimmt.

Die Stammessage der Skythen führt in Gebiete außerhalb des von Herodot beschriebenen skythischen Vierecklandes: Targitaos-Herakles, der Stammvater der Skythen, hatte drei Söhne – Skythes, Gelonos und Agathyrsos. Dabei gilt Gelonos als Stammesheros der Geloner, die im Lande der Budiner zwischen Don und Donec lebten. Nach Herodot handelte es sich um skythisierte Griechen (IV 108 f.), die teils griechisch, teils skythisch sprachen. Ihre Stadt Gelonos war befestigt und aus Holz gebaut und besaß Heiligtümer mit griechischen Göttern. Die heutige Forschung bemüht sich, Gelonos mit der *Gorodišče* (deutsch *Wallburg*) von Bel'sk an der Vorskla zu identifizieren, einer riesigen umwallten Stadt- bzw. Siedlungsanlage, die aufgrund ihrer unermeßlichen Größe bislang aber noch kaum archäologisch untersucht ist. Alle drei Jahre wurde bei den Gelonern das Fest des Gottes Dionysos mit bacchischen Tänzen aufgeführt, das bei den Skythen streng verboten war. Ferner betrieben sie Ackerbau und legten auch Gärten an. Dadurch unterschieden sie sich von ihren unmittelbaren Nachbarn im Osten, den nomadischen Budinern, die als einheimisches Volk galten, das ebenso wie die Geloner unter skythischer Oberhoheit stand. Der Name Agathyrsos, des Stammvaters der Agathyrsen, führt dagegen in den Karpatenraum. Das Ausgreifen der Skythen bis an die untere Donau sowie über Siebenbürgen bis nach Ostungarn ist archäologisch zu belegen, ohne daß wir jedoch über die ethnische Gliederung dieses Raumes genaueren Aufschluß hätten. Möglicherweise handelte es sich bei den Agathyrsen auch um skythisierte Thraker.

Die Nachrichten, die Herodot über die weiter im Nordwesten lebenden Völkerschaften vorlagen, waren wiederum mit kaum glaubhaften mythischen Berichten verwoben. Irgendwo am

oberen Dnestr lebten die Neurer, die skythische Sitten pflegten
und einst wegen einer Schlangenplage auswandern mußten
(IV 105). Im Skythenland erzählte man sich, daß sich jeder Neurer einmal im Jahr in einen Wolf verwandeln würde. Dies könnte auf kultische Feste hinweisen, bei denen sich die Neurer Felle
und Masken überzogen; vielleicht war der Wolf auch eine Art
Totemtier dieses Stammes. Zwischen diesen Neurern und dem
Oberlauf des Dnepr nomadisierten die sogenannten Androphagen, die zwar skythische Kleidung trugen, aber anders als die
Skythen sprachen. Sie hätten überdies als einziges Volk Skythiens (im weiteren Sinne) angeblich Menschenfleisch verzehrt.

Zwischen den Budinern und den Sauromaten jenseits des
oberen Don werden noch die Melanchlainen genannt, die
Schwarzgekleideten, ein nichtskythischer Stamm mit eigener
Sprache, aber skythischer Lebensweise, der nicht mehr zum
skythischen Stammesverband gehörte. Auf der südlichen Krim
wären zuletzt noch die im Gebirge lebenden Taurer zu erwähnen, die sich in etlichen Bereichen der materiellen Kultur von
den Skythen unterschieden und bereits früh stark gräzisiert waren. Schon im 5. Jh. v. Chr. galten sie als ein nicht-skythisches
Volk, das jedoch wegen der Wildheit seiner Bräuche nicht weniger berüchtigt war. So erzählt Herodot, daß die Taurer jeden
Griechen oder Seemann, der ihnen in die Hände fiel, einer jung-
fräulichen Göttin opferten, deren Tempel auf der Halbinsel
Herakleia stand. Das Haupt des Opfers wurde in dessen Nähe
auf einem Pfahl zur Schau gestellt. Doch schon gegen Ende des
5. Jh. v. Chr. entwickelte sich ein intensiver Handel zwischen
Taurern und Griechen, was schließlich sogar zur Gründung der
Kolonie Chersonesos Taurica führte. Die dort sich niederlassen-
den Griechen mußten jedoch auch die taurische Jungfrau als
Göttin übernehmen, die alsbald in Artemis aufging.

Wir erfahren also von einer ganzen Reihe verschiedener Völkerschaften, die teils nomadisch, teils seßhaft und Ackerbau
treibend lebten. Sie gehörten mehr oder minder eng zum skythischen Stammesverband. Lebten sie innerhalb des ‹skythischen
Quadrats› nach Herodot, so waren diese Verbindungen enger
und stärker, ebenso die sprachliche und kulturelle Verwandt-

1

2

3

4

5

6

7

schaft, lebten sie dagegen an der Peripherie von Herodots Skythien, also in den nördlichen Waldsteppen und Waldgebieten
einerseits oder in den Steppen östlich des Don andererseits, so
wurden die Gemeinsamkeiten geringer. Vereinzelt folgte man
auch dort skythischer Lebensweise und Tracht, doch Brauch-
tum und Sprache wichen voneinander ab, und auf politische
Unabhängigkeit achtete man ohnehin.

Trotz der Unterschiede zwischen den genannten Völkern und
Stämmen hebt Herodot immer wieder hervor, daß ihre Tracht
große Übereinstimmungen aufweist, die er deshalb auch stets
als ‹skythisch› bezeichnet, wie etwa bei den Androphagen. Auch
in Sibirien und Teilen Mittelasiens trug man ähnliche Kleidung,
wie neben bildlichen Darstellungen auch entsprechende archäologische Funde bezeugen, die bis Tuva reichen. Die charakteristische Tracht der Skythen (Abb. 9) bestand aus einem gegürteten Ärmelrock, langer Hose, Halbstiefeln und einer kapuzen-
artigen Kopfbedeckung, die vorne zugeschnürt werden konnte.
Das bevorzugte Material zur Herstellung der einzelnen Kleidungsstücke waren Wolle, Filz, Fell und Leder. Die langen Hosen wurden bevorzugt in die Halbstiefel gesteckt, wie dies auf
Darstellungen skythischer Krieger im Nordschwarzmeerraum
ebenso wie im Fürstengrab von Aržan 2 in Tuva nachgewiesen
ist (S. 38). Der auf Taille gearbeitete Ärmelrock hatte Revers auf
der Brust und war gegürtet. Rock und Hose konnten mit zahlreichen bogenförmig geschwungenen Linien und anderen Mu-
stern verziert sein, wie sie auf Bildern nordpontischer Edelmetallgefäße vorkommen. Die ‹Eiskurgane› des Altai zeigen, daß
diese Muster gestickt waren, doch konnten auch goldene Zier-
stücke aufgenäht werden, wie wiederum die Funde aus Aržan 2
bestätigten.

Zur Tracht eines skythischen Mannes gehörte ferner sei-
ne Waffenausstattung, die ebenfalls sowohl durch bildliche
Zeugnisse als auch durch Grabungsbefunde dokumentiert ist
(Abb. 9–10). Seine Hauptwaffe waren Pfeil und Bogen, die sich

*Abb. 9: Die Skythen im Nordschwarzmeerraum. Darstellungen und Re-
konstruktionen der Männer- (1.3.5.7) und Frauentracht (2.4.6).*

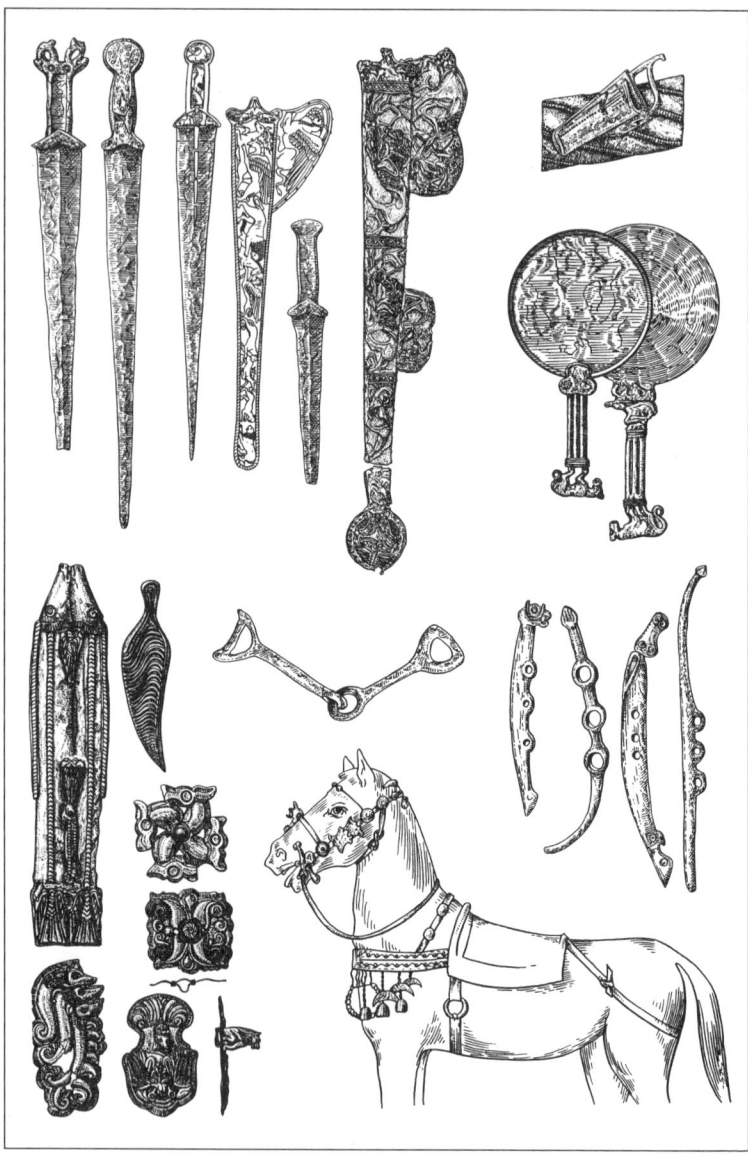

beide in einer Köchertasche, dem Goryt, befanden, der an der
Hüfte befestigt wurde, wobei sein Tragegurt quer über die
Schulter verlaufen konnte. Ebenfalls am Gürtel hing das typisch
skythische Kurzschwert mit herzförmigem Griffabschluß, genannt Akinakes. Langschwerter waren ausgesprochen selten
und kamen nur vereinzelt bei den Saken Mittelasiens vor. Streit-
äxte bildeten einen weiteren Teil der Bewaffnung. Aus Plättchen
zusammengefügte bewegliche Panzer sowie Helme waren meist
griechischen Ursprungs, wie z. B. die Darstellung miteinander
im Nahkampf verwickelter skythischer Krieger auf dem goldenen Kamm von Solocha zeigt. Möglicherweise stammten sie aus
Werkstätten der griechischen Pflanzstädte entlang der nördlichen Schwarzmeerküste. Die Schilde verschiedener Formen,
die ebenfalls auf dem Kamm von Solocha wiederkehren, bestanden hingegen aus Holz und Flechtwerk und waren unzwei-
felhaft einheimische Arbeiten.

Auf allen Darstellungen werden die Skythen, aber auch die
Saken, als eine eindeutig europide Bevölkerung dargestellt, im
Nordschwarzmeerraum wie auf persischen Reliefs. Dem entspricht auch der anthropologische Befund der zahllosen in skythischen Gräbern entdeckten Skelette. Entsprechende Verhältnisse sind für die Verbände mit skythisch geprägter Sachkultur
und Lebensweise im Osten der eurasischen Steppe bis Südsibirien vorauszusetzen, wenngleich dort verstärkt mongolide
Gruppen hinzutreten, was auch die ‹Eismumien› des Altai bestätigen (S. 48 ff.). Überdies scheint der bereits erwähnte Bericht
Herodots über die in Sibirien zu lokalisierenden Argippäer als
ein kahlköpfiges Volk, bei dem Frauen wie Männer eine eingedrückte Nase und ein breites Kinn besaßen (IV 23), auf ein
mongolides Volk hinzuweisen. Jedoch gibt es keine Hinweise
darauf, daß diese die skythischen Gebiete westlich von Ural und
Wolga erreicht hätten; im Nordschwarzmeerraum dominierte
eine europide Bevölkerung.

*Abb. 10: Die Skythen im Nordschwarzmeerraum. Teile der Beigaben-
ausstattung (Waffen, Spiegel und Pferdegeschirr) aus fürstlichen Gräbern.*

Dazu passen auch die Ergebnisse der Sprachwissenschaft, die die Skythen ebenso wie die mit ihnen verwandten Stämme, so etwa die Saken, dem Kreis iranischsprachiger Völkerschaften zuweisen. Zwar ist uns die Sprache der Skythen und Saken nicht erhalten geblieben, doch lassen sich diese Fragen auch anhand von Personen-, Götter-, Stammes- und Flußnamen untersuchen. So ist etwa im Namen der Erdgöttin Api das iranische Wort für Wasser, *ab*, enthalten, womit außerdem vielleicht zum Ausdruck gebracht werden soll, daß in den Funktionsbereich dieser Gottheit auch die Gewässer der Erde gehören, die erst die Fruchtbarkeit des Erdbodens ausmachen. In der skythischen Königssage begegnet der Stammesname der Traspier, in dem das iranische Wort für Pferd, *aspa*, steckt. Zahllose weitere Beispiele ließen sich hinzufügen. Sie lassen keinen Zweifel daran, daß es sich zumindest bei den skythischen Führungskräften um Iraner gehandelt haben muß. Dazu paßt, daß auch die skythischen Königssagen oder der mythische Polarzyklus gute Entsprechungen in der altiranischen Überlieferung finden (S. 108). So können wir mit gutem Grund die Skythen und Saken als Nordiraner bezeichnen. Nicht zufällig drangen die Parsua, die Vorfahren der in der Landschaft Fars aufsteigenden Perser, sowie später die Parther und andere von den mittelasiatischen Steppengebieten im Norden aus auf das Iranische Hochland vor und nahmen es in Besitz.

Lebens- und Wirtschaftsweise

Herodot beschreibt das Leben in Wohnwagen als besonders charakteristisch für die Skythen (IV 46). Wahrscheinlich wird man mit einer Art Planwagen zu rechnen haben, die wie Zelte auf Rädern wirkten. Daneben sind jedoch zweifellos auch zelt- und jurtenartige Konstruktionen bekannt gewesen, die immer wieder – bei Verlagerung des Standortes – unschwer auf- und abgebaut und weitertransportiert werden konnten. Herodot selbst beschreibt Zelte mit Filzdecken, allerdings im Zusammenhang mit dem Einatmen von Hanfdämpfen. Vierrädrige Ochsenkarren waren bei den Skythen in Gebrauch. Eine eigenartige Wagenkonstruktion mit sechs Rädern bot der langgezogene Zugang (Dromos) des Kurgans von Elizavetinskaja Stanica im Kuban-Gebiet. Den Erzählungen Herodots läßt sich entnehmen, daß die Skythen auf ihren Wagen durchaus größere Strecken zurücklegen konnten, was für eine stabile Bauweise spricht: Er schreibt nämlich, daß der Leichnam eines verstorbenen Königs auf einem Wagen von Stamm zu Stamm durch sein gesamtes Reich gefahren wurde (IV 71).

Dem bei Herodot zu findenden Hinweis auf das Fehlen von Städten und Burgen bei den Skythen widersprechen zumindest teilweise die archäologischen Befunde. Es konnten nämlich in der Tat einige große Niederlassungen festgestellt und ausgegraben werden, die befestigt waren (Abb. 11). Die meisten dieser Plätze entstanden jedoch – soweit überhaupt verläßlich zu beurteilen – an der Wende vom 5. zum 4. Jh. v. Chr. Zu nennen wäre die gegenüber Nikopol' am linken Dnepr-Ufer gelegene Ansiedlung, die auf drei Seiten durch Steilufer, auf der vierten dagegen von einem mächtigen Erdwall mit Bastion gesichert war. Im Inneren standen bis zu $160\,m^2$ große, mehrräumige Wohnbauten aus Holz und Lehm, die Hinweise auf Schmiedewerkstätten und Ackerbau enthielten.

Als riesige Wallburg mit griechischem Einfluß schildert Herodot die bereits erwähnte Stadt Gelonos im Land der Budiner (IV 108), die von der Forschung mit der Gorodišče von Bel'sk verbunden wird. Diese Stadt soll ganz aus Holz gebaut gewesen sein, auch ihre Stadtmauer, die angeblich an jeder Seite über dreißig Stadien (mehr als 5 km) lang war und bei der es sich um einen Wall mit Palisadenwerk gehandelt haben dürfte.

In der Gegend am unteren Dnepr ließe sich noch Kamenskoe Gorodišče (Abb. 11,1) nennen, eine riesige Niederlassung von über $12\,km^2$ Fläche, die ebenfalls teils durch Steilufer auf natürliche Weise und an den übrigen Seiten durch Wälle künstlich gesichert war. Im Südosten lag zwischen der Befestigung und der ersten Häuserreihe ein unbebauter Streifen von 800 bis 1200 m Breite; vielleicht hielt man hier die Tiere, oder dieser ‹Sicherheitsabstand› sollte Schutz vor Angreifern mit Brandpfeilen bieten. Im Südwesten der Wallburg fiel ferner ein eigenständiger, befestigter Bereich auf, der auch leicht erhöht war und als ‹Akro-

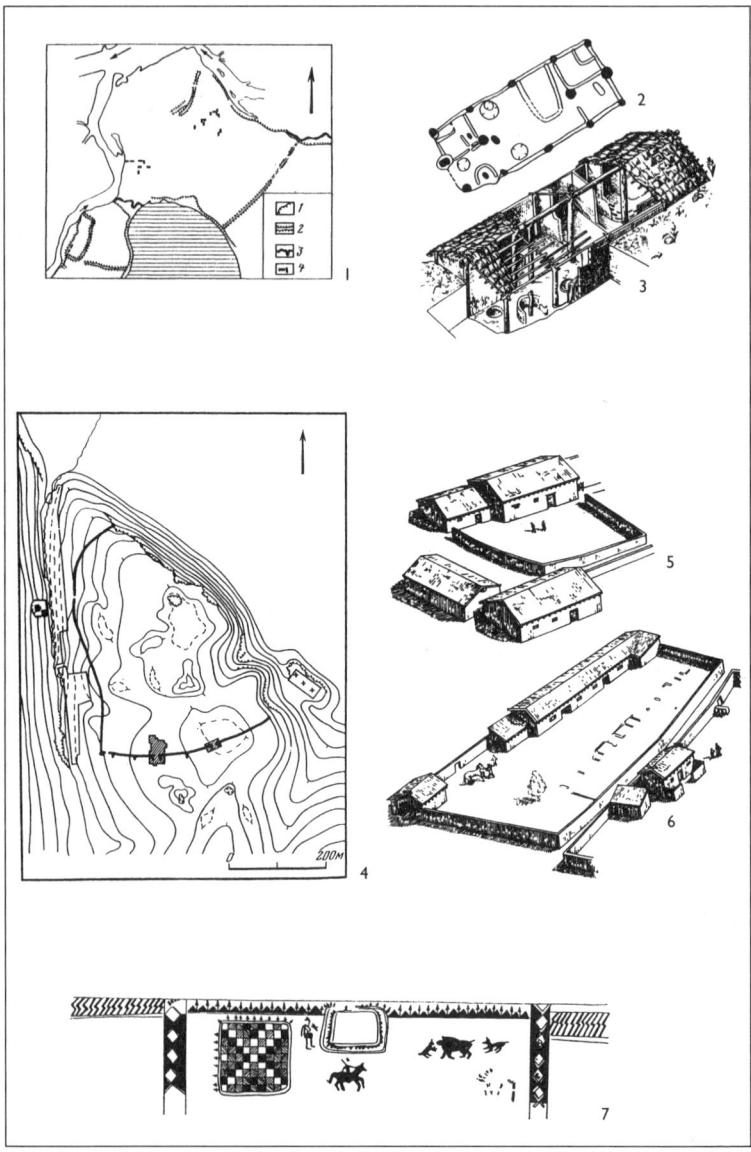

polis› (‹Oberstadt›) interpretiert wird, die als Wohnbereich der
Oberschicht gedient haben soll. Immerhin stieß man dort nämlich auf Reste von Steinbauten sowie auf Fundgut, das sich von
der Ausstattung der Häuser im übrigen Siedlungsbereich deutlich unterschied: griechische Amphoren, rotfigurige Keramik
und Schwarzlackgefäße, Kratere zum Mischen von Wein und
Wasser, aber auch importierter Schmuck. Ihre Fortifikation wurde als mächtige Zweischalenmauer erbaut.

Die Häuser selbst waren ebenerdig, aus Holzbalken errichtet und trugen ein Giebeldach (Abb. 11,3.5.6). Ihre Fläche
schwankte zwischen 40–150 m², auch konnten sie mehrräumig
sein. Die Wände bestanden aus senkrecht in den Boden eingegra-
benen Balken, die mit Lehm verkleidet oder an ihrer Innenseite
mit Filzstoffen behängt waren. Daneben gab es auch viereckige
Grubenhäuser, Pfostenkonstruktionen mit unterschiedlich stark
eingetiefter Hausfläche. Bei den ebenerdigen wie den Gruben-
häusern fanden sich Hinweise auf Schmiedewerkstätten, die
aber nicht gleichmäßig innerhalb der Niederlassung verteilt waren, sondern gewisse Schwerpunkte, vielleicht Handwerkervier-
tel, zu bilden schienen. An der Wende vom 3. zum 2. Jh. v. Chr.
kam es dann zu einer Siedlungsunterbrechung, die mit dem Ende
der skythischen Kultur und dem gleichzeitigen Einbruch der Sarmaten zusammenhängt, zwei Ereignisse, die eine Zäsur in der
Kulturentwicklung des 1. Jt. v. Chr. im nordpontischen Raum
darstellten.

Daneben gibt es aber auch gänzlich andere Siedlungstypen,
wie z. B. Širokaja Bal'ka in der Nähe von Olbia. Dieser Platz bestand bereits im 7. Jh. v. Chr. und umfaßte viereckige und runde
Grubenhütten. Griechische Einflüsse machten sich hier sehr
bald bemerkbar: Zunächst begann man in Stein zu bauen, und
im 6. Jh. v. Chr. wurde der Ort schließlich vollständig hellenisiert. Auch bei der spätskythischen Stadt von Neapolis bei Sim-
feropol auf der Krim (Abb. 11,4), wohin sich skythische Rest-

*Abb. 11: Skythische Wallburgen, Gehöfte und Häuser aus dem Nord-
schwarzmeerraum. Kamenskoe Gorodišče (1), Elizavetovskoe Gorodišče
(2.3), Neapolis Scythica (4.7), Gavrilovskoe (5) und Zolotaja Bal'ka (6).*

gruppen zurückzogen, nachdem sich die Sarmaten der nordpontischen Steppe bemächtigt hatten, handelt es sich um eine
gräzisierte Niederlassung, die nur mehr wenig mit der skythischen Kultur der Steppe zu tun hatte. Diese Residenz des skythischen Königs Skiluros wurde Ende des 2. Jh. v. Chr. mit einer
8 m starken Zyklopenmauer befestigt; im Inneren standen gereiht griechisch wirkende Häuser (Abb. 11,7), die kaum mehr
etwas mit den Pfostenbauten oder Grubenhütten der Steppe
und Waldsteppe gemeinsam hatten.

Diese Siedlungen, von denen wir hier nur einige wenige
gleichsam exemplarisch erwähnen können, zeigen, daß die Skythen nicht nur Nomaden waren, sondern auch seßhaft lebten.
Dies deckt sich weitgehend mit der Überlieferung Herodots, der
bei der Beschreibung der ethnischen Gliederung Skythiens die
einzelnen Stämme mit ihrer charakteristischen Lebens- und
Wirtschaftsweise nennt, die einander bedingen. Ihm zufolge lebten ackerbautreibende und viehzüchtende Gruppen aber nicht
in Gemengelage, sondern voneinander geschieden: erstere am
rechten Dnepr-Ufer bis hin zur unteren Donau, letztere vom linken Dnepr-Ufer bis zum Don und weiter nach Osten. Die mit
Landwirtschaft befaßten Skythen drangen teilweise bis in die
Krim-Steppen vor, offenbar in dem Bestreben, die Felder mög-
lichst nahe am Abnehmer zu bestellen.

Zu den ackerbautreibenden Skythenstämmen rechnet Herodot die Helleno-Skythen (Kallipiden), die Pflüger-Skythen, die
Ackerbau-Skythen und die Alizonen. Sie bauten Getreide an,
und zwar sowohl für ihren eigenen Bedarf als auch für den Verkauf an die Griechen. In der bereits genannten einheimischen
Siedlung von Širokaja Bal'ka vor den Toren Olbias stieß man
bei Ausgrabungen auf einen Ofen, der offenbar der Trocknung
von Getreide diente; daneben fanden sich zahllose Weizen-,
Gersten- und sogar Roggenkörner.

Sind die Angaben der antiken Schriftsteller richtig, so war der
Getreideexport enorm hoch. Eine solche Menge konnte allerdings nur mit Hilfe des Pflugs angebaut werden, dessen Vorhan-
densein deshalb vorausgesetzt werden muß. Immerhin wurde so
auch ein Stamm ausdrücklich als Pflüger-Skythen bezeichnet.

Und in der Herkunftssage der Skythen fallen vor den drei Söhnen des Targitaos, Lipoxais, Sarpoxais und Kolaxais, goldene Gaben vom Himmel, unter denen sich auch ein Pflug befindet. Herodot berichtet ferner von ausgedehnten Feldfluren an den Ufern des unteren Dnepr. Da bis heute aber kein eiserner Pflug entdeckt wurde, könnte er auch aus Holz gewesen sein; für solche Pflüge finden sich gelegentliche Belege. Die Ackerbau-Skythen bauten nach Herodot Weizen, Gerse, Hirse, Bohnen, Zwiebeln und Knoblauch an. In den Siedlungen sind häufig Steine nachzuweisen, mit denen höchstwahrscheinlich Getreide gemahlen wurde.

Viehzucht betrieben bei den Skythen sowohl die Ackerbauern als auch die Nomaden. Dabei wechselte man oft die Aufenthaltsorte; waren die Weiden abgegrast, so zog man mit dem Vieh weiter und suchte neue. Da Anhaltspunkte für eine Vorratshaltung im Winter fehlen, dürften die Tiere die Nahrung unter der Schneedecke gefunden haben. Strabon berichtet, daß die Skythen der Gegend am Asovschen Meer im Winter aus der Steppe in das Haff der Flüsse zogen, wo das Gras noch saftig war und hoch anstand. Die Herden bestanden überwiegend aus Pferden und Rindern (je etwa 40%), geringere Anteile erreichten Schafe/Ziegen (ca. 18%), wogegen Schweine ganz fehlten; nach Herodot wurden sie von den Skythen auch nicht gehalten. Außerdem domestizierten die Skythen Hunde. Die Zucht der Pferde spielte bei den Skythen natürlich eine zentrale Rolle, wobei sie diese – neben dem Fleisch anderer Haustiere – auch verzehrten, also nicht nur als Reittiere nutzten.

Während das Fleisch der Haustiere also der Ernährung diente, nutzte man andere Teile zur Herstellung von Fellen und zur Gewinnung von Wolle. Man nähte Schafspelze, walkte Filz für Jurten und Kapuzen, gerbte Leder für Panzer, Helme, Hosen, Schuhwerk, Gehänge, Gürtel, Köcher usw. Aus der Milch wurden Käse und ein leicht berauschendes Getränk, der Kumys, erzeugt, der auch heute noch bei den modernen Steppennomaden Eurasiens weit verbreitet ist. Herodot, Strabon, Aristoteles und andere Autoren bestätigen, daß die Milch die Basis der Ernährung darstellte. Damit hängt es wohl zusammen, daß die älteste

Bezeichnung der nordpontischen Reiternomaden *Galaktopha-gen* (Milchesser) lautet.

Jagd zur Nahrungsergänzung war nicht unüblich. Gejagt wurden, wie Knochenfunde belegen, Hirsch, Steppenantilope, Biber und andere Wildtiere. Ferner übte man Fischfang aus, was nicht überraschen sollte – wird das Land der Skythen doch von mächtigen Strömen durchschnitten. Auch in der skythischen Ikonographie erscheint immer wieder der Fisch, selbst wenn er dabei keine mit Raubtieren oder Hirschen vergleichbar dominante Rolle spielt.

Gußtechnik und Schmiedehandwerk waren bei den Skythen weit entwickelt, und in den Niederlassungen, insbesondere in weitläufigen Siedlungen, für die eine innere Organisation vorauszusetzen ist, finden sich reichlich Hinweise darauf. Dabei gibt es Anhaltspunkte, daß offenbar ein und derselbe Handwerker nicht nur Kupfer bzw. Bronze goß, sondern auch Eisen schmiedete, was nur bedingt für eine strenge und weitentwickelte Arbeitsteilung sprechen würde.

Wo die dafür nötigen Erze gewonnen wurden, ist hingegen noch weitgehend unklar. Im nordpontischen Skythengebiet käme etwa das Doneck-Gebiet in Frage, wo prähistorischer Kupferabbau nachgewiesen ist. Darüber hinaus könnte Metall auch aus dem südlichen Ural oder aus dem Kaukasus importiert worden sein. Das Eisen bezog man wohl aus den Sumpfgebieten am unteren Dnepr, dieser Rohstoff mußte nicht von weither herangeschafft werden. Weit im Osten, in Tuva und im Minusinsker Becken, waren die skythenzeitlichen Gruppen in eine intensive Bergbau- und Metallverarbeitungtätigkeit eingebunden, wovon alte Gruben ebenso wie Schmelzplätze zeugen (S. 41). Skythische Lebensweise und umfangreiche Metallproduktion schließen sich also nicht aus.

Ferner war die Holzverarbeitung von Bedeutung, denn für Speere, Pfeile, Streitpickel und viele andere Werkzeuge benötigte man Schäfte. Auch die Kompositbögen, Pflüge, Wagen, die zerlegbaren Jurten und viele weitere wichtige Bestandteile des täglichen Lebens bestanden aus Holz und waren in ihrer Herstellung recht kompliziert, so daß ihre Fertigung entsprechende

Kenntnisse voraussetzte. Der Rohstoff dazu stand dank der ausgedehnten Wälder am unteren Dnepr in ausreichendem Maße zur Verfügung. Es ist deshalb nicht recht verständlich, wenn Herodot schreibt, daß die Skythen unter einem solchen Mangel an Holz litten, daß sie Tierknochen zum Brennen benutzten. Zwar belegen Ausgrabungen durchaus, daß auch Knochen als Brennmaterial dienten, weil sie höhere Temperaturen ergeben, doch liegen zudem reiche Befunde mit Holzkohle vor, weshalb man Herodots Bericht zurückhaltend interpretieren sollte.

Die Handelskontakte zwischen Skythen und Griechen knüpfen an eine alte Tradition an, denn der Austausch von Waren zwischen dem Nordschwarzmeerraum und der Ägäis reicht bis weit ins 2. und 3. Jt. v. Chr. zurück. Sowohl die *Ilias* des Homer als auch die Argonautensage thematisieren letztlich Seefahrten in das Schwarze Meer. Nach der Gründung der griechischen Kolonien an der nordpontischen Küste wurde dieser Handel intensiviert, wobei die Skythen sowohl mit dem griechischen Festland als auch mit Ionien Güter tauschten. Polybios, Strabon und andere berichten, daß die Skythen dabei vor allem Getreide, schmackhafte Fischarten (besonders rotfleischigen Fisch), Honig, Wachs, Felle, Holz, Vieh sowie Sklaven feilboten.

Wichtigstes Exportgut war Getreide, in erster Linie Weizen. Herodot schreibt, daß die Skythen am unteren Dnepr das Getreide überwiegend für den Verkauf anbauten. Ab dem 4. Jh. v. Chr. lief dieser Export über das Bosporanische Reich. In der Folgezeit dehnten die Skythen ihre Anbaugebiete in der Nachbarschaft des Bosporanischen Reichs stetig aus, so z. B. auch auf die Krim. Verschiedene Anhaltspunkte weisen darauf hin, daß die skythische Oberschicht eine wichtige Rolle in diesem Getreidehandel spielte und wohl auch einer der Hauptverdiener auf skythischer Seite war. Allein schon die reich mit Importgegenständen und Goldobjekten ausgestatteten Großkurgane jener Zeit, besonders des 4. Jh. v. Chr., belegen eindrucksvoll ihre wirtschaftliche Macht. Auf Münzen, die skythische Könige in Olbia und anderen in ihre Abhängigkeit geratenen Städten prägen ließen, werden Getreideähren dargestellt. Auch Inschriften dieser Städte verdeutlichen, wie sehr der Getreideexport

Wohlstand und Reichtum für manche Familie der Oberschicht brachte. Gegen Ende des 3. Jh. v. Chr. ging der Getreidehandel dann plötzlich stark zurück, was verschiedene Gründe gehabt haben dürfte: die starke Konkurrenz ägyptischen Weizens sowie das Eindringen sarmatischer Stämme in die nordpontischen Steppen, die das skythische Kultursystem zusammenbrechen und die Skythen selbst abwandern ließen und dadurch die Verhältnisse im nordpontischen Raum tiefgreifend änderten.

Honig und Wachs, Vieh und Felle erreichten im Handel mit den Griechen bei weitem nicht die Bedeutung, die dem Getreide zukam. Herodot berichtet, daß aus Skythien Pferde, Rinder und Schafe kamen, und Polybios rechnet Vieh sogar zu den lebensnotwendigen Gütern, die die Griechen aus dem Skythenland bezogen. Strabon erzählt von der Ausfuhr von Bibern und ihren Fellen. Seltene Pelze stammten dabei wohl nicht immer nur aus den nordpontischen Steppen selbst, sondern wurden von den Skythen noch weiter nördlich und östlich von wiederum anderen Stämmen eingetauscht, um sie dann an die Griechen weiterzuverkaufen. So berichtet Herodot von den Thyssageten und Iyrken im Bereich des Ural-Gebirges, die seltene Tiere jagten und deren Felle auf ihre Kleidung nähten.

Einen besonders guten Ruf hatten offenbar die Sklaven aus Skythien. Die griechischen Pflanzstädte waren dabei nur die Umschlagplätze für den Menschenhandel, führten hingegen keine Kriegszüge zum Erwerb von Sklaven; das übernahmen die Skythen für sie. Aber auch andere bedienten sich dort: So berichtet Ktesias von Knidos (5./4. Jh. v. Chr.), daß in der Zeit des Dareios der persische Satrap von Kappadokien mit 30 Kriegsschiffen an die Küste Skythiens segelte, um Männer und Frauen als Beute zu fangen. Im Jahre 339 v. Chr. drang Philipp II. in die Dobrudscha vor und verschleppte angeblich 20 000 Kinder und Frauen. Doch dies waren nur gelegentliche Aktionen, die nicht die Grundlage des regulären Sklavenhandels zwischen Skythen und Griechen bilden konnten. Die Skythen selbst besorgten sich ihre ‹Ware› bei ihren benachbarten oder untergeordneten Stämmen. Die Sklaven mußten dabei nicht nur schwere Arbeiten verrichten, sondern wurden auch als Krieger und insbesondere als Bogenschützen eingesetzt. Die Athener kauften nach der siegreich beendeten Schlacht von Salamis (480 v. Chr.) 300 skythische Bogenschützen, die sie dann als eine Art Polizei einsetzten; untergebracht waren sie in Zelten. Auch für kriegerische Auseinandersetzungen kaufte man gerne Kämpfer aus Skythien: Als 428 v. Chr. Mytilene von Attischen Seebund abfiel, erwarb es solche Krieger an der Nordschwarzmeerküste. Seit der Wende vom 3. zum 2. Jh. v. Chr. gehen die Namen skythischer Sklaven in griechischen Inschriften plötzlich stark zurück, um in der Folgezeit vermehrt von Sarmaten, Maioten und anderen nordpontischen Stämmen abgelöst zu werden. Dies entspricht gut den Verhältnissen in den Nordschwarzmeersteppen, in denen zu jener Zeit die Skythen von den Sarmaten verdrängt wurden und letztlich, von einer geringen Restgruppe auf der südlichen Krim abgesehen, aus der Geschichte dieser Region weitgehend verschwanden.

Die Skythen selbst bezogen im Austausch für ihre Waren zahlreiche griechische Produkte, die bis weit ins Hinterland der Küste gelangten. Wein spielte dabei eine besondere Rolle, wie Tausende von Amphoren, mit denen er transportiert wurde, belegen. Zahlreich begegnet aber auch griechisches Geschirr – Weinkannen und Trinkschalen (Oinochoi und Kylikes) –, das im Zusammenhang mit dem Weinkonsum verwendet wurde. Die Skythen fanden offenbar Geschmack an Wein und tranken ihn unvermischt. Verlangte ein Grieche bei einem Gelage reinen Wein ohne Wasserzusatz, so verlangte er Wein *nach Skythenart*. *Wie die Skythen zu zechen* hieß also, unmäßig Wein zu genießen und sich lärmend zu verhalten. Wein wurde aber nicht nur importiert, sondern auch in Chersonesos und im Bosporanischen Reich angebaut. Weiteres Einfuhrgut waren Olivenöl sowie Duftstoffe, Salben und ähnliches; während man erstere in Amphoren verhandelte, werden letztere durch verschiedene kleine Gefäße (Ariballoi, Lekythoi, Alabastra und Amphoriskoi) bezeugt. Beim Import griechischer Waren und Erzeugnisse nahm das Bosporanische Reich im 4./3. Jh. v. Chr. eine dominierende Stellung ein, die später zusammen mit dem Getreideexport zurückging. Münzen als Zahlungsmittel lernten die Skythen von den Griechen wohl kennen, übernahmen sie aber nicht wirklich für ihren Binnenmarkt. Vielleicht haben bronzene Pfeilspitzen oder ähnliches diese Rolle eingenommen, aber dafür gibt es – außer ethnographischen Parallelen – ebenfalls keine Belege.

Gesellschaftsordnung

Archäologische Quellen lassen die Gesellschaftsordnung vor- und frühgeschichtlicher Bevölkerungsgruppen meist nur in Ansätzen erahnen und nur selten konkreter beschreiben. Tritt schriftliche Überlieferung hinzu, wie dies im Nordschwarzmeerraum der Fall ist, und enthält sie Äußerungen auch zu diesem Themenkreis, so lassen sich verläßlichere Schlußfolgerungen ziehen. Archäologische Befunde werden in solch einem Kontext überhaupt erst richtig verständlich.

Die Gesellschaftsordnung der Skythen weist deutliche Merkmale einer Gentilorganisation auf, das heißt, daß verwandtschaftliche Beziehungen ein wichtiges Gliederungselement der Gemeinschaft waren. Herodot berichtet vom Brauch, Blutsbrüderschaft zu trinken, wobei das Blut in einen Becher mit Wein gegeben wurde, in den man auch Schwert, Pfeile, Streitaxt und Wurfspeer der künftigen Blutsbrüder tauchte, bevor man ihn austrank. Die Sippenältesten hatten weitreichende Kompetenzen. Die Episode um Skyles zeigt, daß sie sogar Könige absetzen konnten: Der skythische König Skyles, ein Sohn des Skythenkönigs Ariapeithes und einer Griechin aus Istros, weilte – wohl um die Mitte des 5. Jh. v. Chr. – oft in Olbia, also etwa zu jener Zeit, als auch Herodot in Olbia war. Während er seine Truppen außerhalb der Stadt ließ, hielt er sich selbst innerhalb ihrer Mauern auf, lebte dort mit einer Griechin in ihrem Palast, trug griechische Kleidung, sprach Griechisch und – was für die Skythen das schlimmste Vergehen war – verehrte griechische Götter, ja nahm sogar an dionysischen Mysterien teil. Als sein Heer davon erfuhr, stürzte es seinen König, der daraufhin zu Verwandten nach Thrakien floh. Doch damit nicht genug – die Skythen führten sogar Krieg mit den Thrakern, um seiner habhaft zu werden; sie erzwangen seine Auslieferung und köpften ihn.

An dieser Geschichte ist nicht nur bemerkenswert, wie wichtig den Skythen das Festhalten an ihren Gebräuchen war, sondern auch die Tatsache, daß man in der Konsequenz selbst vor der königlichen Familie nicht zurückschreckte. Gleichwohl führte die Entwicklung zu einer immer weiteren Festigung der Königsmacht und des Kriegeradels.

Interessant ist die Skyles-Episode aber auch hinsichtlich der Nachfolgeregelung bei den Skythen. Wurde ein König abgesetzt, so ging seine Macht auf seinen Bruder über. Auf Skyles folgte deshalb sein Bruder Oktamasades. Dies gilt jedoch nicht für die Erbfolge schlechthin, wie sich an der Ursprungssage der Skythen erläutern läßt: Der Überlieferung zufolge galt Targitaos – der Stammvater der Skythen, der ein Jahrtausend vor dem Persereinfall (512 v. Chr.) gelebt haben soll – als Sohn des Himmelsgottes und einer Tochter des Flusses Borysthenes (Dnepr). Er hatte drei Söhne namens Lipoxais, Arpoxais und Kolaxais. Als eines Tages vier glühende Goldgeräte vom Himmel fielen (ein Pflug, ein Joch, eine Streitaxt und eine Schale), gelang es den beiden älteren Söhnen des Targitaos nicht, das feurige Gold zu bergen. Erst als der jüngste Sohn Kolaxais herantrat, erlosch die Glut, und er konnte die Himmelsgeräte an sich nehmen. Daraufhin verzichteten die beiden älteren Brüder auf die Herrschaft und überließen sie dem Jüngsten. In der Frühzeit ging die Erbfolge also auf den jüngsten Sohn über.

Dies änderte sich bald, denn Kolaxais selbst teilte das Land später unter seinen drei Söhnen auf, von denen jeder König eines Teilgebietes wurde. Diese Dreiteilung findet sich vielfach wieder. So wurde z. B. das skythische Heer, das gegen den 512 v. Chr. in Skythien einfallenden Perserkönig Dareios I. zog, von drei Königen angeführt: Idanthyrsos, Taxakis und Skopasis. Eine Dreigliederung spiegelt sich auch wider, wenn Herodot von den Königs-Skythen, den Ackerbau-Skythen und den Nomaden-Skythen spricht (IV 17–20).

Die in der Targitaos-Sage genannten Goldgeräte (Pflug, Joch, Streitaxt und Schale) könnten ferner metaphorisch für eine gesellschaftliche Ordnung mit Bauern, Kriegern und Priestern stehen, wobei der Pflug Landwirtschaft und damit das Bauerntum symbolisiert, während (Streitwagen-)Joch und Streitaxt dem

Kriegertum zukommen und die Schale dem Priestertum gehört. Die Tatsache, daß nur dem Krieger zwei Attribute zugeordnet sind, wird gerne mit der Unterscheidung von Wagenkämpfern (Joch) und Reiterkriegern (Streitaxt) erklärt, wobei allerdings höchst fraglich ist, inwieweit erstere bei den Skythen überhaupt noch irgendeine Rolle spielten. Möglicherweise spiegelt sich hier auch eine Rückbesinnung auf frühere Zeiten wider, denn in bronzezeitlichen Gräbern der Petrovka- und Sintašta-Kultur im südöstlichen Uralvorland sowie in angrenzenden Teilen Nordkazachstans bis zum Išim finden sich in der Tat Bestattungen mit zweirädrigen Streitwagen als Beigaben, die an den Beginn des 2. Jt. v. Chr. datiert werden.

Es deutet sich also eine Dreiteilung der Gesellschaft wie auch des Reiches an, womit aber sicher längst nicht die vollständige Komplexität beider Phänomene erfaßt wird. Hinsichtlich der Dreigliederung Skythiens hören wir von einem Hauptkönig und zwei in der Regel jüngeren Nebenkönigen, die in zwei der drei Teilgebiete regierten. Die Griechen nannten jeden der skythischen Könige *Basileus* und sowohl die Gesamtheit dieser drei Teilreiche als auch jedes einzelne von ihnen gleichermaßen *Basileia*, was eine klarere Differenzierung nicht gerade erleichtert. Jede Basileia wiederum bestand aus mehreren *Nomoi* (Unterabteilungen), die von Nomarchen (Häuptlingen) geleitet wurden. Der Basileus bzw. König hatte den Oberbefehl über die gemeinsame Streitmacht der Königs-Skythen und der ihnen untergeordneten Stämme. Der Nomarch-Zepterträger stand an der Spitze der Streitmacht eines Nomos, während das Oberhaupt einer Gemeinschaft bzw. Großfamilie – als Zepterträger niederen Ranges – eine Kriegerschar anführte. Auch in dieser hierarchischen Heeresgliederung deutet sich wieder eine Dreiteilung an, die die tatsächlichen Verhältnisse aber ebenfalls wiederum nur stark vereinfacht wiedergeben dürfte.

Wie das Verhältnis zwischen Haupt- und Nebenkönigen im Verlaufe der skythischen Geschichte war, lassen die Schriftquellen weitgehend im dunkeln. Interessant in diesem Zusammenhang sind assyrische Dokumente, die davon berichten, daß dieses Verhältnis nicht immer konfliktfrei war. Zumindest während der vorderasiatischen Feldzüge der Skythen fügten sich die Könige ‹zweiten Ranges› nicht immer dem Oberbefehlshaber. So handelte z. B. ein solcher Nebenkönig namens Išpakai unabhängig von Bartatua, der ein Bündnis mit Asarhaddon geschlossen hatte, und begann auf eigene Faust einen Krieg gegen die Assyrer, in dem er von diesen dann geschlagen wurde.

In den Nomoi fanden Volks- und Heeresversammlungen statt, denen bei den Skythen große Bedeutung zukam. So wurde der Fall des Königs Skyles, der schließlich abgesetzt und getötet wurde, bei einer solchen Zusammenkunft behandelt. Auch die regelmäßige Berichterstattung während der Perserkriege fand in den Nomoi statt. Möglicherweise handelte es sich bei diesen Nomoi um die ursprünglichen Territorien der inzwischen größer gewordenen Stämme.

Konnten diese Volks- und Heeresversammlungen zwar auch die Macht der Könige bei den Skythen einschränken, so lehrt der Fall Skyles aber weiter, daß die Herrschaft offenbar von Anfang an in den Händen einer Dynastie lag, da die Macht von Skyles auf seinen Bruder überging und nicht etwa auf eine ganz andere Familie oder Sippe. Die Tatsache, daß der skythische Stammvater vom Himmelsgott abstammte und sein jüngster Sohn Kolaxais durch das Aufnehmen der Himmelsgeräte sein Nachfolger wurde, unterstreicht die bei den Skythen offenbar vorhandene Vorstellung vom göttlichen Ursprung der königlichen Macht. Dies stärkte auch die Position des Königs, selbst wenn die Heeresversammlung, wie im Fall des Skyles, über ihn richten konnte. Diese Entwicklung wurde durch die Konzentration wirtschaftlicher Macht in den Händen der Könige noch begünstigt, die vom Getreidehandel mit dem Bosporanischen Reich profitierten und dadurch reich wurden. Reichtum und Prunksucht der skythischen Führungsschicht, nicht nur der Könige, sondern auch des sogenannten Kriegeradels, werden in ihren aufwendig ausgestatteten Gräbern unter monumentalen Grabhügeln sichtbar, worauf noch zurückzukommen sein wird. Sie enthalten goldene Schmuckstücke, Edelmetallgefäße aus Gold und Silber, goldbelegte Waffen sowie mitbestattete, aufgeschirrte Pferde.

Hinsichtlich der weiteren gesellschaftlichen Gliederung der

Skythen unterhalb der Ebene der Führungsschicht sind die Schriftquellen wenig aussagekräftig. Gelegentlich wird deshalb versucht, die Grabfunde mit Blick auf diesen Fragenkomplex zu interpretieren, was aber nur bedingt zielführend ist, weil nicht von vorneherein davon ausgegangen werden kann, daß sich selbst geringfügige soziale Unterschiede stets in der Art der Beigabenausstattungen widerspiegeln müssen. Der einfacheren, aber freien skythischen Bevölkerung, zu der auch zahlreiche Krieger gehören, werden weniger hohe Kurgane, kleinere Grabkammern und deutlich einfachere Ausstattungen zugewiesen, doch sind auch in diesen Bestattungen durchaus Pferde sowie vereinzelte Goldobjekte als Beigaben gefunden worden. Sie ähneln also in vielem dem in den prunkvollen Kurganen angetroffenen Totenbrauchtum, wo sie oft auch als Nebenbestattungen vorkommen, und zwar als Gräber des gewaltsam getöteten Gefolges eines skythischen Herrschers. So stieß man in einem der kleineren Hügel, die die großen Königskurgane von Solocha am unteren Dnepr umgeben, auf eine Kriegerbestattung; zu diesem Fundkomplex gehörten zwar fünf Pferde, aber nur eine einfache Bewaffnung, die keinerlei besonderen Reichtum zum Ausdruck brachte. Nach Herodot wählte sich ein skythischer König aus den ihm untergebenen Stämmen Diener, Mundschenke, Pferdeknechte und das königliche Gefolge aus, das bei seinem Tode getötet und mit ihm bestattet wurde – ihm also gleichsam als sein persönlicher Besitz ins Grab folgte, auf diese Weise einer Nutzung durch andere entzogen werden und ihm im Leben nach dem Tode weiterhin dienen sollte.

Hinsichtlich der Abhängigkeit vom skythischen Kriegeradel gab es innerhalb der skythischen Bevölkerung offenbar Unterschiede. Die *Hippotoxotai*, die gewöhnlichen Bewohner Skythiens, dürften trotz einer gewissen Abhängigkeit von der skythischen Aristokratie frei gewesen sein; nach Ausweis der Gräber kämpften sie als *Bogenschützen zu Pferde* und verfügten wahrscheinlich über ein gewisses Eigentum. Dieses Eigentum konnte sich jedoch auch nur auf ein Paar Ochsen beziehen, die zum Ziehen eines Karren dienten. Bei Pindar (5. Jh. v. Chr.) hören wir von Skythen, die weder Vieh noch Wagen besaßen. Aus diesem Kreis dürften sich die meisten der einheimischen Unfreien rekrutiert haben. Historiker römischer Zeit, wie z. B. Polyaenus (2. Jh. n. Chr.) oder Frontinius (1. Jh. n. Chr.), die jedoch aus älteren Quellen schöpfen, erzählen, daß den skythischen Kriegern Akkerbauern und Pferdeknechte untergeordnet waren, die das Heer des Skythenkönigs Atheas als unbewaffnete Diener begleiteten und nur bei äußerster Gefahr mit Speeren ausgerüstet wurden. Diese Fußtruppe rekrutierte sich höchstwahrscheinlich aus der verarmten Masse der einheimischen Bevölkerung sowie aus Sklaven, den Angehörigen unterworfener Stämme, die an den Boden oder die Herden gebunden und damit unfrei waren.

Darüber hinaus gab es bei den Skythen auch regelrechte Sklaven. Herodot berichtet über den Einsatz von Sklaven bei der Herstellung von Milchprodukten, wobei sie – wie bereits erwähnt – sogar geblendet wurden, um sie vermutlich vom Verzehr der wertvollsten Milcherzeugnisse abzuhalten. Er erzählt ferner, daß die Steppenbewohner der Krim von den Königs-Skythen als Sklaven angesehen wurden. Ein schwunghafter Sklavenhandel entwickelte sich zwischen den Skythen und dem griechischen Festland sowie Ionien, wobei die griechischen Kolonien an der Nordschwarzmeerküste wichtige Umschlagplätze auch dafür – und eben nicht nur für Getreide und Felle – gewesen sein dürften. Die ‹Ware› für diesen Sklavenhandel besorgten sich die Skythen auf Kriegszügen, denn die Versklavung unterworfener Stämme war durchaus üblich geworden.

Wenn wir in den Schriftquellen lesen, daß manche Landstücke der skythischen Oberschicht so groß waren, daß man einen ganzen Tag brauchte, sie zu umreiten, so liegt nahe, daß stets eine größere Zahl von untergeordneten Stammesmitgliedern oder Sklaven zur Bodenbearbeitung und zum Hüten des Weideviehs erforderlich waren. Sklaven waren bei den Skythen also nicht nur Handelsware, sondern es bestand auch ein nicht unbeträchtlicher Eigenbedarf. Gekaufte Sklaven jedoch gab es bei den Skythen angeblich nicht.

Als die Skythen nach Vorderasien gezogen waren, so berichtet Herodot in einer bemerkenswerten Anekdote (IV 3 f.), hätten sich die zurückgelassenen Skythenfrauen mit ‹Sklaven› ver-

bunden und ein neues Geschlecht begründet. Als die Skythen
aus Medien wieder in den Nordschwarzmeerraum heimkehrten
und den ‹Kimmerischen Bosporus› überschritten, stellten diese
sich ihnen zum Kampf entgegen. Nach wechselvollen Gefechten
traten die Skythen ihnen am Ende nicht mit Bogen und Lanze
gegenüber, sondern lediglich mit einer Reitpeitsche bewaffnet.
Auf diese Weise demonstrierten sie, daß sie ihre Gegner nicht als
gleichberechtigte Freigeborene, sondern als Sklaven betrachte-
ten, und besiegten sie. Diese Erzählung beweist zumindest, daß
die Peitsche als Zeichen des Freigeborenen galt, was durch entsprechende toreutische – dem Bereich der Goldschmiedekunst
entstammende – Darstellungen bestätigt wird: So erscheint sie
z. B. auf einer Silbervase aus Voronež in der Hand eines bärtigen
Skythenkriegers.

Auch über die Stellung der Frau in der skythischen Gesell-
schaft finden sich in den Nachrichten gelegentlich Hinweise.
Nach Herodot beteiligten sie sich weder am Kampf noch an der
Jagd, wie dies etwa bei den östlich benachbarten Amazonen der
Fall gewesen sein soll, den – mythischen – Stammüttern der
Sauromaten. Die Frauen der Skythen lebten nach Herodot
(IV 114) überwiegend in Wohnwagen und ritten nicht, was aber
– nach Ausweis der Grabfunde – vielleicht grundsätzlich, nicht
aber absolut und schon gar nicht für die Führungsschicht gegol-
ten haben kann. Besonders merkwürdig empfand Herodot,
daß sich die Frauen der Skythen nicht mit Wasser wuschen, sondern einen Brei aus Zypressen-, Zedern- und Weihrauchholz zur
Schönheitspflege benutzten.

Als Beziehungsform zwischen Männern und Frauen darf
Polygamie vorausgesetzt werden – dies zumindest in der Oberschicht. Denn es gibt Berichte über das königliche Bestattungszeremoniell, in denen es heißt, daß *eine der Frauen* getötet und
mitbeerdigt wurde. Andere Schriftquellen bezeugen geradezu
eine Art Harem, in dem einheimische ebenso wie gekaufte
Frauen lebten. Die einen galten als rechtmäßige Ehefrauen, die
anderen als Nebenfrauen. Einige Befunde in skytischen Königs-
kurganen lassen sich ebenfalls in dieser Richtung interpretieren.
In Čertomlyk lag vor dem Eingang zur Grabkammer des Königs

eine getötete und ganz in Gold gekleidete Frau. In Melitopol'
stieß man in einer Nebenkammer auf eine Frau in prunkvoller
Tracht, wohl die Mutter oder Ehefrau des Königs, der offenbar
noch eine Sklavin mit ins Grab gegeben worden war. Und auch
in Sibirien finden sich in skythenzeitlichen Kurganen immer
wieder Hinweise darauf, daß man die Ehefrauen gewaltsam zu
Tode brachte und zusammen mit dem verstorbenen Fürsten beisetzte (etwa Aržan 2 in Tuva, S. 38).

Doch trotz der im Grabkult sichtbar werdenden herausgeho-
benen Behandlung der Ehefrauen skythischer Fürsten war die
Rolle der skythischen Frau gleichwohl doch in erster Linie eine
untergeordnete und keinesfalls dem Manne gleichberechtigte.
Für die Untermauerung dieser These ist wiederum die schriftliche Überlieferung hilfreich, denn sie zeigt, daß eine Nebenfrau
– ähnlich wie weiterer persönlicher Besitz – sogar vom Vater auf
den Sohn vererbt werden konnte. So übernahm Skyles, als er
das Königsamt antrat, die Skythin Opoia, eine der Frauen seines Vaters Ariapeithes.

Religion, Mythen und Gebräuche

Bei schriftlosen Kulturen, und um eine solche handelt es sich
letztlich bei den Skythen, bereitet es stets gewisse Schwierigkei-
ten, Einzelheiten ihrer Religion und der Religionsausübung zu
beschreiben, wie auch schon der Versuch problematisch war,
ihre Gesellschaftsstruktur leidlich detailliert zu schildern. Dafür
sind Schriftquellen unverzichtbar, und es gibt sie auch, doch handelt es sich dabei um Texte von Außenstehenden, die über die
Skythen schreiben. Zum einen nehmen diese Gewährsmänner
zwar direkt auf die Gottheiten und kultischen Gebräuche der
Skythen Bezug, beschreiben und bewerten sie aber vor ihrem
eigenen, griechisch geprägten Erfahrungshintergrund. In anderen Fällen werden Begebenheiten und Episoden erzählt, die uns
in indirekter Weise auf einzelne Aspekte und Bereiche der skythischen Religion rückschließen lassen; dies betrifft besonders Hinweise auf Mythen. Doch auch archäologische Quellen erlangen
Bedeutung, sofern sie Einblicke in die geistig-religiöse Vorstel-

lungswelt der Skythen eröffnen. In diesem Zusammenhang verdient deshalb der Tierstil besondere Aufmerksamkeit.

Auch für die Religion der Skythen erscheint Herodot (IV 59–62) als die wichtigste Quelle. Er teilt uns mit, welche Götter sie verehrten, nennt ihre Namen, erklärt sie aber sogleich mit den griechischen, was bis zu einem gewissen Grade wie eine Widerspiegelung des griechischen Pantheons wirkt. Die Frage, ob Herodot der Nachwelt nur überlieferte, was ihm als Griechen in religiösen Fragen verständlich war – und dieses auch noch stark griechisch gefärbt – oder ob seine Aussagen tatsächlich ‹die ganze Wahrheit› über die skythischen Götter enthalten, wird sich kaum beantworten lassen. Ähnliches gilt für die Überlegung, ob die Skythen in jener Zeit, in der Herodot schreibt, aufgrund des engen Kontaktes mit den Griechen nicht auch das griechische Pantheon oder Teile davon übernommen haben könnten – auch wenn sie griechische Götter dann mit skythischen Namen belegt haben, die ihrerseits iranischen Ursprungs sind. Mit einiger Sicherheit dürfen wir aber vermuten, daß Herodot nicht alle Götter der Skythen kannte.

Eine herausragende Stellung nahm bei den Skythen die Göttin des Herdes ein, genannt Tabiti, zu vergleichen mit der griechischen Entsprechung Hestia; Herodot nennt sie an erster Stelle. Bei den königlichen Herdfeuern legten die Skythen besonders heilige Schwüre ab. Wer des Meineids überführt wurde, den verbrannte man auf Reisigbündel gebunden. Danach folgt in der Aufzählung skythischer Gottheiten bei Herodot Papaios, der Himmelsgott, der mit Zeus gleichzustellen ist; seine Gemahlin Ge, die wasserreiche Erdgöttin, bezeichneten die Skythen – wie bereits erwähnt – als Api. Diese Verbindung des Himmelsgottes und der mit Wasser und Pflanzen verbundenen Erdgöttin findet sich auch in der iranischen Überlieferung. Der Skythenanführer Idanthyrsos bezeichnete gegenüber dem Perserkönig Dareios Papaios und Tabiti als seine einzigen Herren, denen er sich Untertan fühlte, was die herausragende Bedeutung dieser beiden Gottheiten noch einmal unterstreicht.

Weiterhin erzählt Herodot vom skythischen Apollon, der Oitosyros hieß. Die Forschung übersetzt diesen Namen mit «*in*

der Weide mächtig» und glaubt, darin einen engen Zusammenhang mit der Wahrsagerei erkennen zu dürfen, bei der die Skythen Weidenruten zu Orakelzwecken verwendeten. Mit der
Kunst des Wahrsagens war auch Artimpasa (oder Argimpasa)
verbunden, die der griechischen Göttin Aphrodite Urania nahe-
stand. Oitosyros und Artimpasa der Skythen scheinen einander
also in ähnlicher Weise zugeordnet wie Apollon und Aphrodite
bei den Griechen. Die skythische ‹Herrin der Tiere› dürfte mit
der persischen Artemis zu verbinden sein. Sie begegnet mehrfach in der im skythischen Auftrag von Griechen gearbeiteten
Toreutik (Goldschmiedekunst).

Mit dem Poseidon der Griechen wird der skythische Gott
Thagimasadas gleichgesetzt, den angeblich nur die Königs-Skythen verehrten. Freilich dürfte es sich dabei weniger um einen
Meeresgott als vielmehr um den Herrn der zahlreichen großen
Flüsse Skythiens gehandelt haben. Eine den Griechen vergleichbare enge Beziehung zum Meer scheint bei den Skythen nämlich
kaum vorstellbar, während die Flüsse in der Tat eine wichtige
Rolle bei ihnen spielten, nicht zuletzt auch wegen des Fisch-
fangs als Nahrungsquelle.

So ähnlich sich skythischer und griechischer Götterhimmel
auch in der Darstellung bei Herodot zu sein scheinen – wobei
wir bereits darauf hingewiesen haben, daß schwer zu entscheiden ist, was die Skythen von den Griechen übernommen haben
könnten –, so überrascht um so mehr die strikte Ablehnung des
bis zu den Thrakern verbreiteten und beliebten Dionysoskultes
durch die Skythen (IV 78–80). Wir berichteten bereits am Beispiel der Skyles-Episode, daß selbst einem skythischen König
die Teilnahme am Dionysoskult zum Verhängnis werden und
ihn nicht nur Macht, sondern selbst das Leben kosten konnte.
Ähnliches widerfuhr dem Skythenkönig Anarchis, über den berichtet wird, er hätte in Kyzikos an einem ekstatischen Fest der
Göttermutter teilgenommen, das er dann in Skythien zu feiern
versuchte; dabei traf ihn schließlich der Pfeil seines Bruders, des
Skythenkönigs Saulios. Die Skythen verachteten einen Gott,
dessen Kult den Menschen trunken und rasend machte. Und
dabei ließen sie eine fanatische Intoleranz erkennen, die Hero-

dot mit der strikten Ablehnung fremder Gebräuche begründet (IV 76).

Dies bedeutet jedoch keinesfalls, daß die Skythen, die den Wein ungemischt genossen, ausschweifendem Trinken ablehnend gegenüber standen. *Nach skythischer Art Wein trinken* war der griechische Ausdruck für unmäßiges Zechen und wüste Saufgelage. Die Ablehnung der dionysischen Ekstase durch die Skythen verwundert insbesondere, wenn wir bedenken, in welche Rauschzustände sie sich auch durch das Einatmen von Hanfdämpfen versetzten. Über diesen Brauch berichtet nicht nur Herodot, sondern in den Permafrostgräbern des Altai-Gebirges fand sich dafür auch der materielle Nachweis (S. 52 f.), was zeigt, wie weit der Hanfgenuß bei den Reiternomaden der eurasischen Steppe verbreitet war. Vielleicht ist der Grund in der andersartigen Wirkung des Hanfrausches zu suchen, der zu Halluzinationen, aber nicht zu Raserei führt. Im übrigen gibt es keinerlei Hinweise, daß der Hanfgenuß mit irgendwelchen Gottheiten in Verbindung stand. Möglicherweise fand er ganz und gar unabhängig von der Götterverehrung statt.

Als Herodot in Olbia weilte, hörte er eine Legende von den dort lebenden Griechen, wonach Herakles der Stammvater der Skythen gewesen sein soll. Die Skythen wiederum bezeichneten ihren Stammvater als Targitaos, den die Griechen offenbar in Herakles umgedeutet haben. Bemerkenswert ist, daß Herakles selbst sowie einige seiner Taten mehrfach auf skythischen Goldplättchen und anderen Blechen dargestellt werden: Schlägt sich hierin der griechische Herakles-Kult nieder, wie ja z. B. auch die griechische Fruchtbarkeitsgöttin Demeter und ihre Tochter Persephone besonders seit dem 4. Jh. v. Chr. gelegentlich auf solchen Schmuckblechen der Skythen zu sehen sind, oder handelt es sich bei diesen Herakles-Darstellungen um Anspielungen auf die Ursprungssage der Skythen? Doch existieren auch andere Bilder, auf denen ein skythischer Krieger mit Fabelwesen kämpft; möglicherweise ist hiermit Targitaos gemeint. Als Begleiterin des Herakles-Targitaos erwähnt Herodot eine schlangenfüßige Göttin, die halb Jungfrau und halb Schlange gewesen sein soll. Schlangenfüßige Göttinnen werden auf skythischen

Gegenständen immer wieder abgebildet. Demnach dürfte in den mythischen Vorstellungen der Skythen über ihren Ursprung neben ihrem Stammherrn Targitaos-Herakles auch eine schlangenfüßige Urmutter eine gewisse Rolle gespielt haben.

Außerdem verehrten die Skythen noch eine ganze Reihe von Naturgottheiten – so etwa eine Göttin oder Nymphe von Hylaia, wie man die Waldgebiete am Dnepr nannte. Ihr Vater Borysthenes galt als Herr dieses mächtigen Stromes, des größten und wichtigsten im Skythenland nördlich des Schwarzen Meeres. Die Griechen aus Olbia personifizierten ihn auf ihren Münzen durch den Kopf eines bärtigen, gehörnten Gottes, einem typischen Symbol griechischer Flußgötter. Über die den Skythen am unteren Don benachbarten Maioten des Kuban-Gebietes wissen wir, daß sie einen Flußgott kannten, der ebenso hieß wie der Fluß Tanais (Don). Von Naturgottheiten dieser Art dürfte es zweifellos noch etliche mehr gegeben haben, die uns jedoch überwiegend unbekannt geblieben sind.

So schütter die Quellenlage im Hinblick auf die Götter der Skythen auch ist, so lassen sich dennoch etliche nennen, selbst wenn diese Reihe unvollständig bleibt. Trotz der Abneigung der Skythen gegen fremde religiöse Einflüsse und insgesamt gegen Götzenbilder kommt es besonders seit dem 4. Jh. v. Chr. dennoch zu einer Zunahme der Darstellungen solcher – griechisch wirkender – Gottheiten. Dieses Vordringen religiöser griechischer Bildvorstellungen geht auch auf die Verbreitung rotfiguriger Keramik zurück, der sogenannten Kertscher Vasen, die zahlreiche Motive der griechischen Religion aufweisen. Und die Herstellung vieler toreutischer Arbeiten der Skythen in Werkstätten der griechischen Pflanzstädte an der Nordschwarzmeerküste oder zumindest durch griechische Meister dürfte ebenfalls diese Entwicklung verstärkt haben. Denn in der traditionellen skythischen Kunst selbst, dem Tierstil, kommen Götterbilder nicht vor, auch der Mensch selbst tritt darin so gut wie nie in Erscheinung.

Die Anfänge des skythischen Tierstils sind, wie bereits dargelegt wurde, in Innerasien zu suchen. Dort ist er – wohl auf chinesische Anregungen zurückgehend – spätestens an der Wende vom 9. zum 8. Jh. v. Chr. entstanden und hat sich dann – zusammen mit der Kultur der frühen Reiternomaden – durch den eurasischen Steppengürtel nach Westen bis in das nordpontische Gebiet verbreitet. Dieses innerasiatisch-sibirische Erbe bleibt auch bei den Nordschwarzmeerskythen stets wahrnehmbar und wird bis zum Ende ihrer Kultur an der Wende vom 3. zum 2. Jh. v. Chr. gepflegt, wobei es zwar zu stilistischen Veränderungen kommt, seine wesentliche Aussage und seine Grundprinzipien aber fortbestehen. Selbst in der nachfolgenden, sarmatischen Zeit existiert der Tierstil weiter, nun allerdings in deutlich veränderter Form, auch kommt ihm nicht mehr die Dominanz wie in der Skythenzeit zu.

Die weite Verbreitung und das lange Bestehen des skythischen Tierstils sind ein deutlicher Beleg dafür, daß es bei dieser figurativen Ausdrucksform um mehr ging als um die rein ornamentale Ausgestaltung von Gebrauchsgegenständen. Sie konnte sich nur deshalb so lange halten, weil dahinter eine Weltsicht der frühen Reiternomaden stand: Der Tierstil ist Ausdruck einer theriomorphen Weltbetrachtungsweise, die alle Kräfte und Mächte magisch zu erfassen versucht. Sein Objektkreis ist eng begrenzt und beschränkt sich im wesentlichen auf Hirsche, Raubkatzen, häufig auch zusammengerollt, und Raubvögel; gelegentlich treten Pferde, Hasen, Kamele oder Fische hinzu, wobei regionale Unterschiede in der Häufigkeit der Verwendung bestimmter Motive erkennbar werden. Hier offenbart sich in erster Linie die Gedankenwelt des Jägers, weniger des Hirten und schon gar nicht des Ackerbauern. Die Darstellung ist dabei auf Wesensbetonung gerichtet, wobei charakteristische Einzelzüge der jeweiligen Tiere überzeichnet werden: Ohr oder Auge, Krummschnabel oder Raubtierrachen, Pranken oder Hufe, Läufe oder Geweih und Hörner erscheinen vergrößert und beherrschen die Gesamtdarstellung der jeweiligen Figuren.

Es ist dieses zeichenhafte Einzelbild, das bei den Skythen dominierte, während die Griechen z. B. längst fortlaufende Bilderzählung kannten. Das stilisierte Tier manifestierte übernatürliche Kraft, die sich der Träger des Symbols zu eigen machte. Die wesentlichen Merkmale, Haltung und Darstellungsmittel führten zur Entstehung von bestimmten Bildtypen, die über Generationen tradiert wurden, ohne daß sie je ins rein Ornamentale absanken. Sie blieben heilige Zeichen für die Person, die sich ihrer bediente, und Symbole für deren Rang in den Wertvorstellungen ihrer Zeit. Dieses Tierbild findet sich ausschließlich auf beweglichen Gegenständen, auf Waffen, Kleidung, Trachtzubehör, Pferdegeschirr und Gerät. Bisweilen finden wir es auch in Gestalt von Petroglyphen (Felszeichnungen); doch auch dort dominiert stets das Einzelbild, wie es auf den beweglichen Objekten wiederkehrt. Wie eng Tierbild und Person bei den Reiternomaden Eurasiens verbunden waren, verdeutlichen die bereits erwähnten mumifizierten Leichen aus Kurganen der skythenzeitlichen Pazyryk-Kultur im Hochaltai, die an Leib und Gliedern tiergestaltige Tätowierungen tragen (S. 49).

Weiter im Westen der eurasischen Steppen treten vorderasiatische und griechische Einflüsse zum sibirisch-innerasiatischen Erbe des Tierstils hinzu, wobei zu vermuten ist, daß auch diese Ergänzung bzw. Erweiterung des Tierstils der Steppe grundsätzlich nicht auf den ornamentalen Bereich begrenzt blieb. Auf Objekten aus dem Schatzfund von Ziwiyeh bei Sakkez in Nordwestiran etwa, der in die Zeit der Anwesenheit skythischer Scharen in diesem Teil Vorderasiens gehört, begegnen beiderseits des altorientalischen Lebensbaumes geflügelte Mischwesen, die die Wesenskräfte von Mensch, Stier, Löwe und Adler in sich vereinen. Hier wird altorientalisches Erbe sichtbar, das in den Tierstil dieser Region Eingang gefunden hat.

Nicht anders verhielt es sich im Nordschwarzmeerraum, der verbindenden Kontaktzone von Skythen und Griechen. Seit dem 5., noch massiver dann ab dem 4. Jh. v. Chr. werden skythische und auch griechische Gottheiten bzw. griechisch wirkende skythische Götter vermehrt in die Darstellungen integriert. Auf den zahllosen, nicht sehr großen goldenen Schmuckblechen, die auf der Kleidung aufgenäht waren, erscheinen sie vielfach sogar als das alleinige oder zumindest dominierende Motiv. Dahinter einen reinen Dekorationsgedanken zu vermuten, greift zu kurz – diese Darstellungen hatten zumindest *auch* eine magische Funktion. Die zunehmende Verwendung dieser Motive belegt, daß sich die Nordschwarzmeerskythen dieser Zeit nicht mehr nur unter den Schutz jener Tiere stellten, die bei ihnen seit Generationen tradiert wurden, sondern daß nun vermehrt auch die bei ihnen üblichen Gottheiten diese Funktion übernahmen. Diesen Göttern wiederum waren bestimmte Tiere zugeordnet: Pferd, Adler und Greif dem Oistosyros-Apollon, Hirsch, Widder und andere Wildtiere der Erdgöttin Api-Ge. Mit letzterer läßt sich auch die Artemis der Griechen, die Göttin der Waldtiere, die göttliche Jägerin, vergleichen, mit der ebenfalls das Hirschmotiv verbunden ist. Inwieweit hinter diesen Tieren ursprünglich Totemtiere einzelner Stämme gestanden haben könnten, läßt sich schwer beurteilen; auszuschließen ist es nicht, doch dürfte diese frühe Konkretisierung in einen weit vor die Skythen zurückreichenden Zeitraum gehören. In den hier vorzustellenden Jahrhunderten waren diese Tiermotive jedenfalls bereits zu weit verbreitet, waren Allgemeingut geworden, so daß ihnen diese spezielle Bedeutung schwerlich noch hätte zukommen können.

Götterbilder jedoch, die man anbetete und verehrte, gab es bei den Skythen nicht. Insofern brauchten sie auch keine Tempel. Eine gewisse Ausnahme bildete lediglich der skythische Kriegsgott, vergleichbar dem griechischen Ares, für den zwar auch keine wirklichen Tempel mit Götterbild errichtet wurden, den man aber an ganz bestimmten Plätzen – offenbar einem festgelegten Ritual folgend – verehrte; und auch dieser Kult wurde ohne Kultbild gepflegt. So berichtet Herodot, daß in jedem skythischen Gau eine mächtige Kultterrasse aus 150 Wagenladungen von Reisigbündeln errichtet war, die man nur von einer Seite besteigen konnte. Auf jedem dieser Heiligtümer, die jährlich nach dem Winter erneuert wurden, war ein uraltes eisernes Schwert, ein Akinakes, aufgestellt, das Symbol des Kriegsgottes. Diesem Akinakes opferte man jedes Jahr Pferde und anderes Vieh, wobei man die Tiere nach einer besonderen Methode erwürgte und das Fleisch in großen Kesseln kochte. Die Opfer für Ares waren dabei reicher als die für die anderen Gottheiten. Zu den Opfern gehörte auch jeder hundertste Kriegsgefangene: Man goß Wein über seinen Kopf, schlachtete ihn, und sodann wurde sein Blut über den Akinakes geschüttet.

Den rechten Arm schleuderte man in die Luft, um ihn ebenso wie den Leichnam nach dem Opfer liegen zu lassen. Ein ähnlicher Kult ist bei den Thrakern an der unteren Donau belegt, die dort Nachbarn der Skythen waren und enge Kontakte zu ihnen unterhielten: Auch bei den Thrakern wurde der Kriegsgott durch ein Eisenschwert symbolisiert, dem man blutige Opfer mit Weinspenden darbrachte. Ob diese Rituale der Skythen von den Thrakern übernommen worden sein könnten oder umgekehrt, muß offen bleiben.

Bemerkenswert aber ist, daß es durchaus skythische Hügel gab, die ausschließlich als Kultplätze dienten. Im nordkazachischen Bajkara, weit östlich des Urals, stand inmitten einer weitläufigen skythenzeitlichen Kurgan-Nekropole ein Großgrabhügel, der jedoch – wie sich im Verlaufe der Ausgrabung herausstellte – gar keine Bestattung enthielt. Es handelte sich vielmehr um einen Ort, an dem verschiedene, aufeinanderfolgende Rituale stattfanden, die archäologisch faßbare Spuren hinterließen. Am Anfang stand ein nachgestelltes Bestattungszeremoniell mit Dromos und symbolischer Grabgrube, die anschließend feinsäuberlich verschlossen wurden, ehe man in einer weiteren Phase darüber einen Kurgan aus Rasensoden erbaute, der in seinem Inneren drei Gänge zu einem – später zerstörten – Hohlraum in der Mitte des Hügels aufwies. Gänge wie zentraler Hohlraum besaßen keine praktische Funktion und wurden wohl ebenfalls im Zuge kultischer Handlungen begangen, die sich im einzelnen jedoch nicht näher rekonstruieren lassen. In der letzten Phase errichtete man auf der Oberfläche des Hügels eine Steinplattform und darauf eine Art Kegel oder Pyramide aus einem Lehm-Sand-Gemisch, das durch Feuereinwirkung absichtlich rot gefärbt wurde und somit als in der Steppe weithin sichtbares Zeichen auf der Spitze dieses Kurgans stand. Hier findet sich wieder der Anschluß an die Überlieferung des Herodot, der von Hügeln zu Ehren des Kriegsgottes sprach, auf denen ein eisernes Kurzschwert stand, das die Gottheit symbolisierte. Diese Einzelheiten kehren zwar in Bajkara nicht wieder, doch muß man die dort freigelegte Anlage in ähnlichem, wenn auch nicht in gleichem Zusammenhang sehen. Im übrigen verdient Herodots Beobachtung Aufmerksamkeit, daß diese Hügel nur von einer Seite her zugänglich waren; entsprechendes gilt für das Heiligtum von Bajkara, denn die Anlage stieg von Südosten her sanfter an, während die übrigen Seiten steil abfielen.

Daneben könnte es bei den Skythen des Nordschwarzmeerraumes auch häusliche Kultstätten gegeben haben. So fanden sich z. B. in der Ansiedlung von Kamenskoe in verschiedenen Gebäuden sogenannte Aschenaltäre. Ob man darin bereits einen Kult für die Göttin des Herdes und des Feuers, Tabiti-Hestia, sehen darf, scheint ohne weitere Anhaltspunkte indes fraglich.

Priester mit umfassenden Aufgaben der Kultpflege kannten die Skythen offenbar nicht, jedenfalls geben die Quellen keine Auskunft darüber. Einzelnen Stellen ist zu entnehmen, daß solche Funktionen gelegentlich vom König oder anderen hochstehenden Persönlichkeiten übernommen wurden. Wahrsager dagegen sind nachgewiesen. Sie breiteten Weidenruten auf dem Boden aus, die sie dann in einer ganz bestimmten Weise wieder aufhoben. Unter ihnen gab es sogenannte Enarer, die – wie Herodot schreibt – Frauengewänder trugen, Frauenarbeit verrichteten und keine Ehe schlossen. Diese Pflichten seien ihnen – so heißt es in der Legende – auferlegt worden, weil sie während ihrer Feldzüge in Vorderasien den Tempel der Aphrodite Urania im syrischen Askalon ausgeraubt haben sollen. Erkrankte ein skythischer König, so nahm man z. B. an, jemand hätte bei den Hestien des königlichen Herdes falsch geschworen. Die angesehensten Wahrsager kamen daraufhin zusammen und nannten den Schuldigen. Leugnete dieser die Tat, wurden weitere Wahrsager hinzugezogen. Bestätigten auch diese den falschen Schwur, so wurde dem Schuldigen der Kopf abgeschlagen und sein Besitz unter den Wahrsagern aufgeteilt. Rechtfertigte ihn aber die Mehrzahl von ihnen, so richtete man jene Wahrsager hin, die ihn fälschlicherweise beschuldigt hatten: Man legte sie geknebelt und gefesselt auf einen mit Reisig gefüllten Ochsenkarren und zündete das Reisig an. Die brüllenden Ochsen zogen den Wagen vorwärts und verbrannten schließlich zusammen mit den Wahrsagern. Die Söhne der Hingerichteten ließ der König ebenfalls töten, lediglich ihre Töchter verschonte er. Andere falsche Vorhersagen wurden in ähnlicher Weise geahndet.

Grausame Sitten pflegten die Skythen auch im Umgang mit ihren besiegten Feinden. Wir hörten bereits, wie diese ihrem Kriegsgott geopfert wurden. Sobald ein Skythe seinen ersten Feind erlegt hatte, trank er dessen Blut. Die Köpfe aller in der Schlacht getöteten Gegner brachte er dem König, um seinen Beuteanteil zu erhalten. Die Schädel wurden skalpiert und die weichgegerbten Trophäen an die Zügel der Pferde gebunden. An anderer Stelle heißt es, die Skythen hätten die Skalpe dazu verwandt, sich mit ihnen die Hände zu trocknen. Aus den Schädeln der Feinde stellten sie Becher her. Je mehr Feinde ein Skythe tötete, desto mehr Ehren fielen ihm zu. Bei der jährlichen Heeresversammlung des Nomos erhielt jeder Krieger, der mindestens einen Feind getötet hatte, aus dem gemeinsamen Ritualgefäß einen Becher Wein. Wer am meisten Skalpe hatte, galt als der tapferste Held. Auch nähte man die Trophäen zusammen und trug sie wie Hirtenumhänge. Die Haut der rechten Hand eines Feindes diente ebenfalls als Trophäe, ja sogar die Haut des ganzen Leichnams, die – auf Holz gespannt – von den Skythen mitgeführt wurde. Selbst die Pferde konnten in die Haut eines Gegners gehüllt sein. Mit der vom Arm eines Feindes gezogenen Haut bespannte der Skythe mitunter seinen Köcher. Zweifellos pflegte man diese Sitten nicht nur zur Abschreckung und als Ausdruck der eigenen Unerschrockenheit. Vielmehr können – ähnlich wie der Tierstil – diese Gebräuche auch einen magischen Sinn gehabt haben, wonach der Krieger versucht haben könnte, durch diese Praxis die Kraft und vorteilhaften Eigenschaften des Feindes auf sich zu übertragen.

Wir können nicht entscheiden, ob diese grausigen Berichte Herodots (IV 64) der Wahrheit entsprechen oder übertrieben sind. Für manche Angaben dieses Inhalts stehen jedoch archäologische Zeugnisse als Belege zur Verfügung, wenngleich die meisten dieser Einzelheiten nach Jahrtausenden nicht mehr archäologisch nachweisbar sind. Die Praxis des Skalpierens jedenfalls ließ sich immerhin noch an den frostkonservierten ‹Mumien› aus den Kurganen des Altai-Gebirges nachweisen (Kurgan II von Pazyryk, S. 51 f.).

Zuletzt sei noch auf einen Kreis mythischer Nachrichten verwiesen, den sogenannten Polarzyklus, der mit dem Herkunftsgebiet der Skythen weit im Osten zusammenhängt und ebenfalls Teil ihrer mythisch-religiösen Vorstellungswelt war, wenngleich die Bedeutung dieses Zyklus für die Skythen des Schwarzmeerraumes im 5./4. Jh. v. Chr. mit ihrem bereits griechischen Vorstellungen ähnelnden Pantheon nurmehr gering gewesen sein dürfte.

Wir haben schon bei unseren Ausführungen über das Klima Skythiens darauf hingewiesen, daß die Vorstellung von scharfem Frost und ewigem Winter in der Antike prägend war (S. 70). Betrachtet man die Nachrichten genauer, so bemerkt man jedoch, daß sie alle mit einem Vorstellungskreis verbunden sind, der irgendwie mit den Ripäischen Bergen (Ural oder Tien Shan), den Arimaspen, den Greifen und Hyperboreern zusammenhängt, also mit den Weiten Sibiriens.

Herodot schildert das rauhe skythische Klima im Kontext seiner Angaben über hohe Gebirge, über Menschen, die ein halbes Jahr lang schlafen, über die Issedonen, Arimaspen, Greifen und Hyperboreer (IV 23 ff.). Obwohl Herodot die Glaubwürdigkeit einiger dieser Nachrichten in Zweifel zieht, spricht die Kombination ihrer Bestandteile bereits für sich: Es sind dieselben Sujets, über die auch Aristeas schreibt. Mit den ein halbes Jahr lang schlafenden Menschen dürfte Herodot auf die halbjährige Polarnacht angespielt haben, von der auch Dionysios für die ostskythischen Gebiete spricht (*Periegetes* 30). Letzterer beschreibt ferner den nördlichen Ozean, der hinter den Ländern der ungestümen Arimaspen liegt und Eismeer oder Kroinos-Ozean genannt wird. Unweit vom Eismeer, den der byzantinische Gelehrte Eustathios (12. Jh. n. Chr.) den Hyperboreischen Ozean nennt, lokalisiert Dionysios die Ripäischen Berge.

Ähnliche Nachrichten liefern römische Dichter und Geographen. So erwähnt Pomponius Mela mehrfach die Ripäischen Berge, die wegen des ständig fallenden Schnees unzugänglich sind und hinter denen ein unbewohnbares Land folgt, wo die grimmigen Greifen das Gold bewachen. Noch weiter entfernt leben die einäugigen Arimaspen, ein skythisches Volk (II 2), und die Essodonen bis zur Maiotis; *am nördlichsten Pol* wohnen die glücklichen Hyperboreer (III 36). Ordnet man diese Angaben in umgekehrter Reihenfolge, so erhält man eben jene Verteilung, die Aristeas in seinem Gedicht angibt: die Issedonen, Arimaspen, Greifen, Ripäische Berge, Hyperboreer und endlich das Eismeer bzw. der skythische Ozean. Nach Mela (II 36) geht bei den Hyperboreern die Sonne nicht täglich auf und unter, sondern sie geht zum ersten Mal in der Zeit der Frühlingstagundnachtgleiche auf und erst zur Zeit der Herbstäquinoktalien wieder unter; so bleibt sechs Monate lang fortwährend Tag und in den übrigen ununterbrochen Nacht.

Auch nach Plinius (dem Älteren) (*Naturalis historiae* IV 88–90) leben hinter den Ripäischen Bergen die glücklichen Hyperboreer, und zwar unter offenbar sehr günstigen klimatischen Bedingungen: Ihr Land ist fruchtbar, von der Sonne erwärmt, es gibt ohne menschliches Zutun viele Ernten, man kennt keine schädlichen Winde, und die Menschen zeichnen sich durch extreme Langlebigkeit aus (IV 89).

Alle diese Nachrichten antiker Schriftsteller über die hinter Skythien gelegenen Gebiete haben gemeinsam, daß sich hierin die skythische Überlieferung von den mythischen Nordbergen, der Wohnstätte des kalten Nordwindes Boreas und dem Mittelpunkt der Himmelslichter und der Gestirne, widerspiegelt. Der Legende nach liegt hinter diesen Bergen ein Land, das sich außer Reichweite des Nordwindes befindet und sich deshalb durch herrliches Klima, ewigen Sonnenschein, unerschöpfliche Wärme, fruchtbaren Boden usw. auszeichnet. Die Bewohner dieses Landes, die Hyperboreer, führen das Leben von Göttern: Sie kennen weder Leid noch Mühen oder Krankheiten, die Erde bietet ihnen alles Notwendige, sie erfreuen sich beispielloser Langlebigkeit und nehmen gleichsam an einem ewigen, von Gesang und Musik begleiteten Fest teil.

Dieses von den antiken Autoren überlieferte skythische Epos enthält aber auch gewisse Angaben, die auf realen Beobachtungen der Verhältnisse in den Nord- und Polarländern beruhen: das Eismeer, die Polarnacht, das extrem rauhe Klima. Die Skythen selbst waren zweifellos keine Bewohner der Polarländer und konnten deshalb nur durch ihre Nachbarn Kunde von diesen Gegenden erhalten haben. Dabei wird in der Forschung mitunter darauf verwiesen, daß zwischen den skythischen Polarvorstellungen und der altindischen ‹arktischen› Tradition bemerkenswerte Zusammenhänge bestehen. So begegnen in den epischen Werken Indiens Beschreibungen von Naturphänomenen, die nur auf Beobachtungen in Polargegenden beruhen können: Hinweise auf den sechsmonatigen Tag, die ein halbes Jahr andauernde Polarnacht, den großen Berg Meru am nördlichen Rand der Welt – Ort strenger Kälte und eisiger Fröste, Wohnsitz göttlicher Wesen, um den die Himmelskörper kreisen, sowie Ursprung goldführender Flüsse. Dahinter liegen der nördliche Ozean und das Land der Glückseligen. Dorthin zu gelangen machen allerdings schreckliche Ungeheuer den einfachen Sterblichen unmöglich.

Überraschend ist, daß hier in der Tat nicht nur einzelne Elemente, sondern der ganze Zyklus übereinzustimmen scheinen. Derselbe Vorstellungskreis findet sich in der altiranischen Mythologie, und zwar in den in Iran fixierten und sehr alten Teilen der *Avesta*, der religiösen Schriften der Zoroastrier. Dies führte zu der Ansicht, daß die Polarzyklen der skythischen, altiranischen und altindischen Mythologie auf ein und dieselbe Wurzel zurückgehen könnten.

Die uns heute noch zur Verfügung stehenden schriftlichen und archäologischen Quellen, die näheres über Religion, Mythen und Gebräuche der Skythen auszusagen vermögen, bilden also ein sehr heterogenes, zugleich aber auch vielschichtiges Bild. Es ist so komplex wie die Geschichte der Skythen selbst. Die einzelnen Teile des Ganzen stammen aus verschiedenen zeitlichen Ebenen, entsprechend unterschiedlich sind die Bezüge. Tierstil und Polarzyklus lassen das östliche, sibirisch-innerasiatische Erbe erkennen, das der Kultur der frühen Nomaden der Skythenzeit in der eurasischen Steppe zugrunde liegt. Auf dem Weg nach Westen trat in der Begegnung mit anderen Welten neues Gedankengut hinzu, das insbesondere dort, wo diese Kontakte dauerhaft wurden, auch Einfluß auf die geistig-religiöse Vorstellungswelt gewann, so sehr die Skythen – wie wir anhand eindringlicher Beispiele erfahren haben (S. 88) – dies auch in konkreten Fällen ablehnten. So fanden altorientalische Vorstellungen Eingang in die skythische Geisteswelt, doch war es gerade das Zusammenleben mit den Griechen im Nordschwarzmeerraum, das letztlich zur Entstehung eines anthropomorph gedachten Götterhimmels führte, der mitunter wie eine Übertragung des griechischen Pantheons auf uns wirkt und sicher erst vergleichsweise spät bei den nordpontischen Skythen entstanden sein dürfte. Wahrscheinlich reichten die Wurzeln dieser Vorstellungen zeitlich nicht allzu weit zurück; Teil des sibirischen Erbes waren sie wohl nicht.

Totenkult und Grabbau

Grabstätten hatten für die Skythen eine ganz besondere Bedeutung – nicht zuletzt, wenn es sich um solche der Führungsschicht handelte. Dies haben Skythen mit Sauromaten, Saken und anderen zeitgleich existierenden Reiternomadenvölkern mit skythisch geprägter Sachkultur im Raum zwischen Ural und Jenissei gemeinsam, deren Grabbrauch wir bereits kennengelernt haben. Welchen Stellenwert die Skythen den Gräbern ihrer Vorfahren beimaßen, zeigt eine Geschichte des Herodot, die er im Zusammenhang mit dem Zug des Dareios erzählt. Als der Perserkönig nämlich von der unteren Donau aus in das skythische Gebiet eindrang, zog sich das skythische Heer – das Land verwüstend und jeder Schlacht ausweichend – ständig zurück, stellte sich nicht und zwang den Gegner somit zu ermüdender Verfolgung. Der Skythenkönig Idanthyrsos äußerte, daß er erst dann zum Kampf bereit sei, wenn sich die Perser den Grabstätten der Väter nähern würden und diese zu zerstören drohten. Die Königsgrüfte der Skythen lagen nach Herodot in der Landschaft Gerrhos (IV 71), die der Borysthenes (Dnepr) durchfloß. In der Tat sind aus der unteren Dnepr-Region viele reich ausgestattete skythische Kurgane bekannt, die Hintergrund dieser Überlieferung sein könnten; sie finden sich aber auch in anderen Landschaften inner- und außerhalb Skythiens.

Auch zum Totenritual der Skythen äußert sich Herodot. War ein König gestorben, so bestattete man ihn in einer großen viereckigen Grube. Der Tote wurde mit Wachs eingerieben, der von den Gedärmen befreite Körper mit duftenden Kräutern gefüllt und wieder zugenäht. Die so einbalsamierte Leiche des Königs fuhr man auf einem Trauerwagen durch das Land aller ihm unterworfenen Stämme. Zum Zeichen der Trauer schnitten sich alle, die dem toten König begegneten, ein Ohrläppchen ab, ritzten sich Stirn und Nase auf und durchbohrten sich die linke Hand mit einem Pfeil. Hatte der Leichenzug seine Fahrt zu allen Stämmen abgeschlossen, so kehrte er nach Gerrhos zurück, wo man den König schließlich beisetzte. Man bettete ihn auf eine Matte und legte ihn ins Grab. Eine seiner Frauen, sein Mundschenk, sein Koch und sein Pferdeknecht, sein Leibdiener und ein Bote, Pferde und sogar ausgewähltes Vieh mußten ihm folgen. Sie alle wurden erwürgt. Goldener Hausrat vervollständigte die Beigaben. Lanzen mit Stangen und einer Decke aus Flechtwerk deuteten eine zeltartige Konstruktion über dem Grab an. Danach wurde die Gruft mit Reisig und Matten bedeckt und ein Hügel errichtet. Ein Jahr später kam man erneut zusammen, schüttete den Grabhügel noch höher auf, wobei man im Wetteifer versuchte, ihn so hoch wie möglich zu machen, befestigte auf insgesamt 50 präparierten Pferden je einen zuvor erwürgten Krieger aus der freien skythischen Bevölkerung und stellte sie rund um den Kurgan auf.

Herodot nennt die Wagenfahrt von Toten zu Verwandten und Freunden auch bei anderen Verstorbenen, nicht nur bei Königen. Da sie 40 Tage gedauert haben soll, ist auch hier Mumifizierung vorauszusetzen. Dabei wurde nicht nur die Begleitung dieses Totenzuges bewirtet, sondern auch dem Leichnam selbst wurde Speise vorgesetzt; ferner gehörten Gedächtnisfeiern zu diesem Ritual. Darin äußert sich offenbar die Sitte des Abschiedsmahls von der Sippe. Nach der Bestattung reinigten sich die Teilnehmer und begaben sich dazu in eine als Dampfbad hergerichtete Jurte, wo sie Hanfsamen auf die glühenden Steine warfen und sich an dem aufsteigenden Dampf berauschten.

Ausgrabungen in sibirischen wie in nordpontischen Kurganen der Skythenzeit haben einige dieser Einzelheiten, wie Herodot sie schildert, bestätigen können. Man denke nur an die einbalsamierten, von Gedärmen befreiten Leichen sowie die Hanfsamen aus den ‹Eiskurganen› des Altai (S. 52 f.) oder an die zahlreichen mitbestatteten Individuen in fast sämtlichen skythischen Großkurganen. Doch gibt es auch zahlreiche Unterschiede zwischen den einzelnen skythischen Fürstengrabhügeln, selbst in ein und derselben Landschaft. Wir können demnach nicht davon ausgehen, daß das Totenritual bis in die letzten Einzelheiten festgelegt war und stets in der gleichen Weise durchgeführt wurde. Gewiß gab es einige feste Regeln, aber in den Details bestand offenbar ein gewisser Freiraum, so etwa in Gestaltung und Aufbau der Kurgane. Jedenfalls scheint es, als beruhe die Schilderung des Herodot auf einer ganz konkreten Beobachtung, die sein Gewährsmann gemacht und die Herodot schließlich verallgemeinert hat.

Deshalb kommt der Archäologie ganz entscheidende Bedeutung zu, und seit dem späten 19. Jh. gelang es der Forschung, Dutzende von fürstlichen Kurganen auszugraben. Dabei zeigte sich jedoch, daß ein beträchtlicher Teil der Grabhügel im nordpontischen Raum wie auch in allen anderen Regionen der eurasischen Steppe bereits von Grabräubern geplündert worden war, was in vielen Fällen zu massiven Störungen der Befundsituationen geführt hat. Die erste Welle der Plünderungen erfaßte die Kurgane noch in der Antike und ist auf die Skythen selbst zurückzuführen. Immerhin wußten sie um die zu erwartenden Reichtümer in den Gräbern und kannten den Aufbau der Kurgane sowie die Lage der Grabkammern. Eindeutig belegbar ist skythenzeitliche Beraubung aber vor allem dann, wenn die Grabräuber in die noch intakten Kammern eingedrungen waren und bei der Plünderung auch die Verstorbenen verschoben hatten, wobei diese noch im anatomischen Verband lagen, die Weichteile der Leichen also noch nicht vollständig vergangen waren.

Eine weitere Plünderungswelle ist wohl in die nachfolgende hunno-sarmatische Periode zu datieren, während der man teilweise auch skythische Kurgane zur Einbringung eigener Bestattungen nutzte. Über die Verhältnisse während des Mittelalters, als verschiedene Turkstämme große Teile der Steppe bevölkerten, wissen wir nichts Genaueres. Die massive Beraubung in der Neuzeit begann schließlich mit der russischen Inbesitznahme und Aufsiedlung der Steppengebiete seit dem 18. Jh. und dauert bis in die Gegenwart an. Gerade die Plünderer des 18. und 19. Jh., die die großen Grabhügel mit Stollen, Gräben oder eigens befestigten Schächten erschlossen, erwiesen sich als ausgesprochen erfahren und kenntnisreich, was die Lage der Grabkammern betraf; sie fanden fast immer ihr Ziel.

Trotz dieser Plünderungen liefern die nach wissenschaftlichen Gesichtspunkten untersuchten Kurgane Skythiens eine Vielzahl an Informationen über Bestattungssitten und Totenritual, die sich ergänzend und auch korrigierend zur Überlieferung Herodots verhalten. Hinzu treten Hunderte von Grabhügeln der einfacheren skythischen Bevölkerung, die ebenfalls erforscht werden konnten. Der Aufbau und das Ritual der fürstlichen und der einfacheren Kurgane unterscheidet sich dabei nicht grundlegend, erstere sind nur größer und monumentaler, ihre Beigabenausstattung prunkvoller. Die einfacheren Kurgane weisen vergleichsweise flache Aufschüttungen auf, die selten höher als 1 m sind, während die der Führungsschicht bis zu 12–15 m und mehr erreichen können. Bei der Errichtung dieser Grabbauten handelte es sich um gewaltige Gemeinschaftsleistungen, für die zahllose Menschen über einen längeren Zeitraum zusammengezogen und dabei auch organisiert, untergebracht und verpflegt werden mußten – selbst wenn es sich um Sklaven gehandelt haben sollte. Unter dem Rand einer solchen Hügelaufschüttung verlief manchmal eine steinerne Basis, bisweilen errichtete man auch eine Art Kegel zur zusätzlichen Stabilisierung im Inneren.

Die Aufschüttungen selbst konnten in zwei bis drei Schritten entstanden sein. Inzwischen weiß man, daß die Kurgane nicht einfach nur aus Erdreich aufgeschüttet, sondern aus Rasensoden im Stil ungebrannter Lehmziegel erbaut wurden. Es handelte sich bei diesen Hügeln also um Zeugnisse einer eigenen Art von Grabarchitektur. In dieser Weise errichtete Kurgane sind außerordentlich stabil und erodieren nicht so leicht wie einfache Erdanhäufungen. Werden sie zudem von einem Lehmmantel und einem Steinpanzer überdeckt, so entsteht eine Anlage für die ‹Ewigkeit›. Dies erklärt aber auch, warum man im Umfeld der Kurgane nie Senken entdeckte, aus denen das Erdreich zur Aufschüttung entnommen worden sein könnte. Dies gab bereits zu der Vermutung Anlaß, die Erde sei von weither herantransportiert worden. Bei einem Aufbau aus Rasensoden hingegen entstehen keine Gruben oder weithin sich erstreckende Senken, weil bei dieser Technik letztlich nur die Schicht mit dem Steppengras und das darunter an den Wurzeln hängende Erdreich entfernt wird. In Čertomlyk errechnete man, daß für die Errichtung eines der dort stehenden Großkurgane eine Fläche von etwa 75 ha abgestochen werden mußte. Dies vermittelt einmal mehr eine Vorstellung davon, worum es bei dieser Art Kurganaufschüttungen ging: Der verstorbene Fürst oder König nahm damit symbolisch auch seine Viehweide oder zumindest einen Teil davon mit in sein Leben nach dem Tod. Selbst die Weidegründe betrachtete man also – ähnlich wie seinen Reichtum, sein Gefolge und seine Pferde – als sein Eigentum, das ihm ins Grab zu folgen hatte.

Unter dem Kurgan bestattete man die Verstorbenen in Katakomben, die durch einen Dromos (Gang) zugänglich waren. Bei der einfacheren Bevölkerung waren diese Katakomben Ost-West ausgerichtet; entsprechendes gilt für die in ausgestreckter Rückenlage gebetteten Toten. In den Kurganen der einfachen Bevölkerung finden sich Reste des Totenmahls, wozu Reste der verzehrten Tiere, importierte Weinamphoren und Geschirr aus einheimischer Produktion gehören. Die Beigabenausstattung (Abb. 9–10) umfaßt bei den Männern Attribute der Krieger wie Schwert, Speere und Köcher mit Pfeilen, der Bogen ist meist nicht mehr erhalten. Zur Ausstattung von Frauengräbern gehörten Perlen, Ohrringe, Spinnwirtel, auch Spiegel. Nur vereinzelt erscheinen in diesen Inventaren goldene Ringe und Perlen sowie verzierte Goldbleche vom Kleidungsbesatz.

Bei den fürstlichen Großgrabhügeln ließen sich wesentlich komplexere Befundsituationen beobachten. Die Dromoi konnten in bis zu 10–18 m tief gelegene Katakomben führen, von denen oft noch seitliche Kammern mit Teilen der Beigabenausstattung sowie Gräbern des Gefolges oder mit den Pferden abgehen konnten, wobei bei diesen herausragenden Großkurganen kaum einer vom Aufbau und der Anordnung der Grabkammern her ganz und gar dem anderen entspricht.

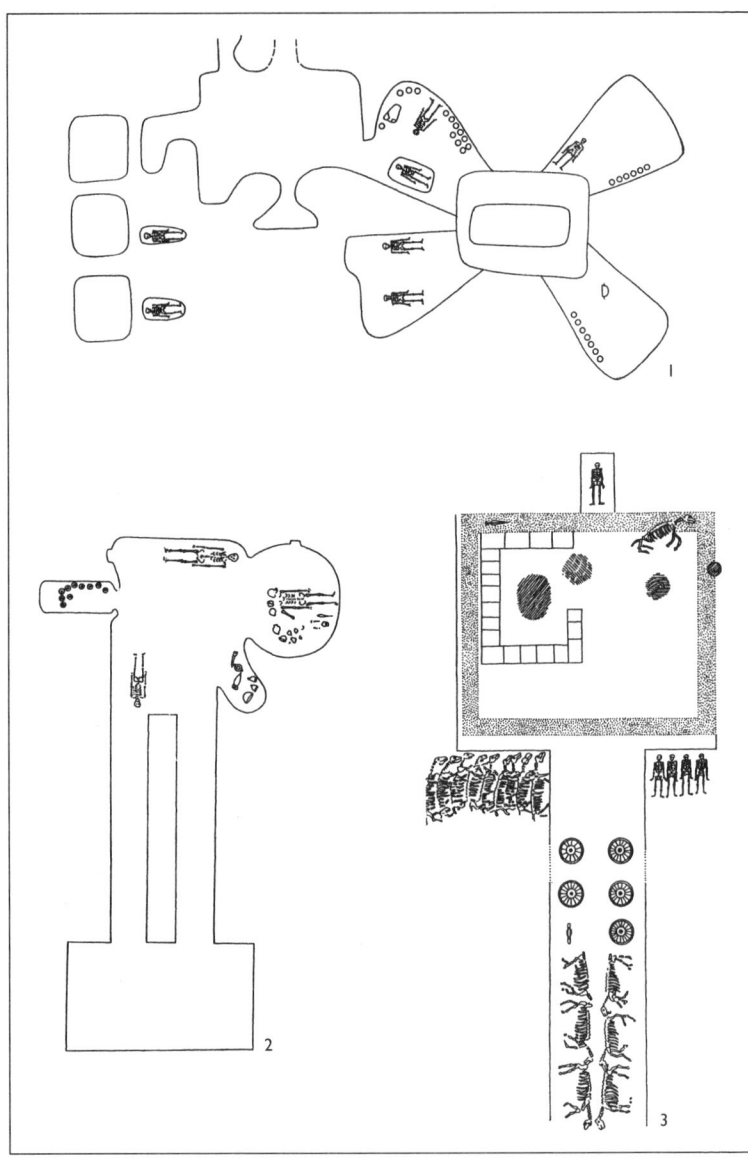

Der berühmte Kurgan von Solocha (Abb. 12,2), der bis zu 18 m hoch gewesen sein dürfte, besaß im Zentrum ein im Laufe der Zeit ausgeplündertes Hauptgrab. Rechts und links vom Eingangsschacht befanden sich zwei Katakomben, eine mit dem Toten in seiner mit aufgenähten Goldblechen verzierten Kleidung, die andere mit Teilen der Ausstattung (Bronzekessel, Holztassen mit Goldbeschlägen, silberne Kylix, griechische Amphore), doch beide Kammern waren ausgeraubt – was noch vorhanden ist, läßt auf die ursprünglich reiche Ausstattung schließen. Eine weitere, wesentlich komplizierter aufgebaute Katakombe lag im Südwesten dieses Hügels und blieb – wie durch einen Zufall – von den Grabräubern unentdeckt. Von einem Eingangsschacht aus verlief ein langer Gang nach Norden zur Grabkammer, den zwei jugendliche Krieger ‹bewachten›. An der Nordwand dieser Hauptkammer, vor dem Zugang zur fürstlichen Bestattung in einer seitlichen Nische, ruhte ein weiterer mit Schwert, Speeren und Köcher ausgerüsteter Kämpfer, vielleicht der Waffenträger oder Leibwächter des hier beerdigten Fürsten. Letzterer, der in der seitlich nach Osten abgehenden Nische beigesetzt war, enthielt sämtliche Statussymbole einer skythischen Führungspersönlichkeit: goldener Halsreif, goldene Armbänder, goldverkleideter Akinakes, in der Rechten ein Zepterstab, zahlreiche figuralverzierte Goldbleche, die auf der Kleidung aufgenäht waren, Bronze- und Silbergefäße, griechische Trinkgefäße und vieles mehr. Eine kleine Nebenkammer enthielt darüber hinaus ein Dutzend Weinamphoren.

Die Aufschüttung des im späten 19. Jh. untersuchten Kurgans von Čertomlyk (Abb. 12,1) hatte ähnliche Dimensionen wie der Hügel von Solocha. Beide gehören dem 4. Jh. v. Chr. an. In seinem Zentrum befand sich ein Einstiegsschacht, der 10 m in die Tiefe führte und von dem von allen vier Ecken kleeblattförmig länglich-gerundete Katakomben abgingen. In der südöstlichen fanden sich Weinamphoren und ein Bronzekessel sowie

Abb. 12: Skythische Fürstenkurgane aus den Nordschwarzmeersteppen. Pläne der unterirdischen Grabanlagen von Čertomlyk (1), Solocha (2) und Elizavetinskaja Stanica (3).

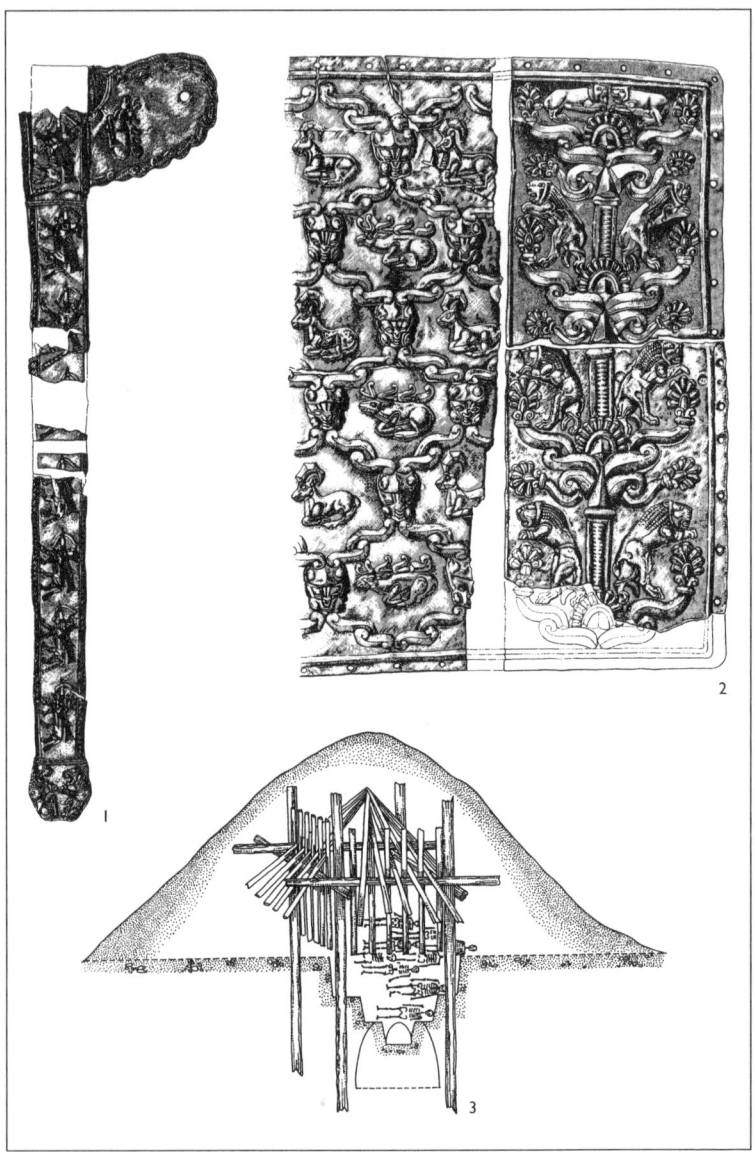

mit Goldblechen verzierte Gewänder, während die nordöstliche
weitere sechs Amphoren sowie ein Skelett mit Köcher und gold-
blechverzierter Kleidung (der Mundschenk des hier bestatteten
Königs?) enthielt. In der südwestlichen Katakombe lagen zwei
Skelette nebeneinander, deren Kleidung und Waffen ebenfalls
mit Gold ornamentiert waren (wohl Diener oder Wächter), in
der nordwestlichen schließlich stieß man auf ein Frauenskelett,
das mit figuralverzierten Goldblechen übersät war (wahrscheinlich die Frau des Königs); seitlich daneben, mit dem Kopf zu dieser Frau ausgerichtet, befand sich ein weiteres Frauenskelett
(ihre Dienerin?) sowie 14 Wein- und eine Silberamphore. Diese
zuletzt genannte Katakombe diente als Durchgang zur Hauptkammer der gesamten Anlage, die von einem abgetieften Raub-
schacht erfaßt und beraubt worden war. Dennoch waren dort
noch unzählige Goldbleche, ein goldener Köcherbeschlag mit
einer Szene aus der Achillessage, zwei Schwerter mit Goldgriffen
usw. sowie verstreute Knochen der Bestatteten verblieben. Westlich der Hauptkatakombe entdeckte man außerdem drei Gruben
mit insgesamt elf Pferden mit goldenem und silbernem Geschirr.

In Melitopol' befand sich die zentrale – und leider völlig aus-
geraubte – Katakombe in 12 m Tiefe; in einer offenbar als Ver-
steck dienenden Grube innerhalb dieser Kammer stieß man auf
einen massiven goldenen Köcher, den die Grabräuber offenbar
übersehen hatten. Er ähnelt dem Köcher aus Čertomlyk und
dürfte wohl in derselben Werkstatt in einer der griechischen
Pflanzstädte an der Nordschwarzmeerküste für einen skythischen Fürsten hergestellt worden sein. Im Nordteil trafen die
Ausgräber auf die über einen Dromos zugängliche Katakombe
der Frau des Fürsten, die ebenfalls von Plünderern durchwühlt
war, aber noch einen Großteil der Beigaben enthielt, wozu Tausende von goldenen Zierblechen vom Kleidungsbesatz gehörten.
Im Zugang zur Kammer ruhte eine mit schlichtem Perlen-
schmuck ausgestattete ‹Dienerin›; dort fanden sich ferner elf

*Abb. 13: Die Skythen am Kuban und in Nordwestiran. Goldfunde aus
Kelermes (1) und Ziwiyeh (2) sowie der rekonstruierte Kurgan von Kostromskaja (3).*

Weinamphoren. Im Eingangsschacht waren zudem noch Reste eines hölzernen Wagens mit Joch und Deichsel erhalten, wohl der Totenwagen, auf dem die Verstorbene – folgen wir den Berichten Herodots – zu ihren Verwandten gefahren worden sein könnte.

Weitere außerordentlich bedeutsame Großgrabhügel der unteren Dnepr-Region sind Tolstaja Mogila, Soboleva Mogila, Babina Mogila, der Oguz-Kurgan sowie Anlagen aus Aleksandropol', Melgunov, Ryžanovka; viele andere mehr wären zu erwähnen, die hier aber nicht einzeln beschrieben werden können. Sie werden überwiegend in das 4. Jh. v. Chr. datiert. Im Oguz-Kurgan ist bemerkenswert, daß die zentrale Gruft aus Steinblöcken bestand, die von in Blei vergossenen Eisenklammern zusammengehalten wurden. Diese Bauweise ist nicht skythisch. Auch im Kurgan Kul'-Oba auf der Krim und in anderen Grabstätten der bosporanischen Führungsschicht des auf der östlichen Krim gelegenen Pantikapaion stieß man auf vergleichbare Konstruktionen aus Steinblöcken, teilweise mit falschem Gewölbe. Möglicherweise kommt in Anlagen wie dem Oguz-Kurgan die Tendenz skythischer Fürsten bzw. Könige des fortgeschrittenen 4. Jh. v. Chr. zum Ausdruck, sich auch im Grabbau wie ein bosporanischer König zu geben.

Aus der Kuban-Region im nordwestlichen Kaukasus-Vorland ließen sich die Kurgane von Kelermes, Kostromskaja, Maikop und Ul' hinzufügen. In Kelermes und Kostromskaja wurde der zentrale Grabschacht unter den mächtigen Kurganen jeweils von einer hölzernen Pfostenkonstruktion im Stil einer Hütte überbaut (Abb. 13,3); um die Grube herum legte man auf zwei oder allen vier Seiten gereiht nebeneinander und auf der Seite liegend bis zu 24 Pferde nieder. Die reichen Goldarbeiten frühskythischer Zeit aus Kelermes (Abb. 13,1) zeigen dabei deutliche Übereinstimmungen mit dem Schatzfund von Ziwiyeh im Nordwestiran (Abb. 13,2); beide Fundkomplexe gehören dem frühen 7. Jh. v. Chr. an. Die figuralverzierten Goldblecharbeiten aus Ziwiyeh und Kelermes zeigen überdies aus dem assyrisch-medischen Kunstkreis übernommene Motive, die in den Tierstil dieser Objekte integriert werden. Dieses altorientalische Erbe ist in jüngeren skythischen Tierstilarbeiten nicht mehr sichtbar.

In den nicht sonderlich hohen Hügeln des 4. Jh. v. Chr. aus Ul', nicht allzu weit von Kelermes entfernt, wurden offenbar Bestattungen nur nachgestellt, denn die Hügel enthielten hölzerne Grabbauten und eine außerordentlich reiche Beigabenausstattung mit Gold-, Silber- und Bronzegefäßen, griechischer Importkeramik, Goldschmuck und vielem mehr, aber keine Reste der Verstorbenen. Vielleicht wurden hier symbolische Gräber (Kenotaphe) für in der Fremde im Kampf gefallene Anführer skythisch-maiotischer Gruppen des Kuban-Gebietes angelegt, deren Leichname sich nicht wiedergewinnen ließen.

Trotz zum Teil erheblicher Unterschiede in den Details von Aufbau und Ausgestaltung dieser Kurgane und der darin enthaltenen Grabkammern der Nordschwarzmeersteppen und der Kuban-Region wiederholen sie stets dasselbe Grundprinzip, das in allen diesen Fällen zu beobachten ist: Unter monumentalen Aufschüttungen, die mit enormem Arbeitsaufwand errichtet wurden, befinden sich unterirdische Grabanlagen, deren Ausstattung unmißverständlich verdeutlicht, daß ein verstorbener skythischer Fürst auch im Jenseits über seine Frau, seine Gefolgschaft, seine Pferde, seine Waffenausstattung, seinen Schmuck, seine kostbarsten Kleider sowie seinen wichtigsten und wertvollsten sonstigen Besitz und Hausrat verfügen mußte. Die Gräber lassen dabei besonders deutlich die enge Verbundenheit der Skythen zu ihren Pferden erkennen. Die Tatsache, daß regelmäßig eine beträchtliche Zahl von ihnen als Grabbeigaben den Verstorbenen folgte, spricht für einen nicht unbeträchtlichen Herdenbestand.

Die Skythen vor den Toren Mitteleuropas

Ausgehend vom Nordschwarzmeerraum erreichen skythische Gruppen ebenso wie Teile der skythischen Sachkultur auch noch weiter westlich gelegene Gebiete. Griechische Quellen nennen den Stamm der Agathyrsen, der von der Forschung in Transsilvanien lokalisiert wird, wo es in der Tat eine ganze Reihe skythi-

scher Materialien gibt. Immerhin schreibt Herodot, daß die Agathyrsen in einem Lande lebten, in dem der Fluß Maris entspringt,
womit nur die heutige Mureš in Siebenbürgen gemeint sein
kann. Skythische Objekte finden sich ferner in Teilen der Wala-
chei an der unteren Donau, und zwar in Gräbern, in denen neben
Waffen und Pferdegeschirr skythischer Prägung Tongefäße entdeckt wurden, die eindeutig in einheimischer Tradition stehen
(*Ferigile-Kultur*). Man wird aus diesem Befund kaum schließen
dürfen, daß die gesamte Bevölkerung dieser Region aus dem
nordpontischen Gebiet zugewandert wäre; für einzelne Gruppen
aber mag das durchaus vorstellbar erscheinen.

Deutlicher treten die Veränderungen im östlichen Karpatenbecken in Erscheinung, denn die heute zu Ungarn gehörenden
Gebiete östlich von mittlerer Donau und Theiß scheinen bald
nach 600 v. Chr. massiv von einer neuen Bevölkerung mit skythisch geprägter Sachkultur aufgesiedelt worden zu sein (sogenannte *Vekerzug-Kultur*), die bis in die südliche Slowakei vor-
stieß. Das Schicksal der vordem dort bestehenden Gruppen ist
ungewiß. Teils geht der Vekerzug-Kultur eine Überlieferungs-
lücke voran, teils handelt es sich um vorskythische Gruppen der
Mezőcsát-Kultur, die Verbindungen in den Nordschwarzmeerraum erkennen lassen, zugleich aber ohne die heimischen spät-
urnenfelderzeitlichen Kulturen Ostungarns und der Ostslowa-
kei nicht verständlich sind. Diese skythisch geprägte Vekerzug-
Kultur bestand dort bis zum Eintreffen der Kelten im 4. Jh.
v. Chr. Sie unterscheidet sich in vielerlei Hinsicht von den Skythen des Nordschwarzmeergebiets: Kurgane sind ihr fremd,
statt dessen werden ausgedehnte Flachgräberfelder angelegt, in
denen die Verstorbenen in nicht sehr tiefen und auch nicht
sonderlich reich ausgestatteten Gruben beigesetzt werden. Soziale Differenzierung mit Elitenbildung – für die nordpontischen
Skythen und andere reiternomadische Gruppen der östlichen
Steppe so charakteristisch – tritt in Ostungarn wie in Siebenbürgen kaum in Erscheinung. Bestattungen wie das Fürstengrab
von Ártánd bleiben Ausnahmen. Der dort beigesetzte Krieger
fällt nicht nur durch seinen eisernen Schuppenpanzer und einige
wenige Goldblechstücke auf, sondern hebt sich in erster Linie

durch die Beigabe seiner im griechischen Sparta gefertigten Bronzekanne heraus. Dieser Befund muß aber nicht zwangsläufig für weitreichende Handelsbeziehungen bis auf die Peloponnes sprechen, weil dieses Gefäß auch von woanders her eingetauscht worden sein könnte.

Im Karpatenbecken fanden skythische Gruppen Kontakt mit der weite Teile Mitteleuropas einnehmenden Hallstatt-Kultur (frühes 8. bis frühes 5. Jh. v. Chr.), deren nächste Zentren in Pannonien, Slowenien, der Südwestslowakei und in Südmähren liegen. Eine ganze Kette von hallstattzeitlichen Höhensiedlungen entlang des Ostalpenraumes von der Südsteiermark über das Burgenland bis Niederösterreich und in Südmähren, die offenbar das hallstättische Kerngebiet nach Osten abschirmten, gingen um 600 v. Chr. in Flammen auf und wurden aufgegeben. Was lag näher, als skythische Horden für diese Zerstörungen verantwortlich zu machen, eine Vorstellung, die lange Zeit unser Geschichtsbild prägte. Moderne und sorgfältig durchgeführte Ausgrabungen zeigen aber inzwischen, daß die typisch skythischen Pfeilspitzen, die sich in diesen abgebrannten Wallburgen fanden und mit denen man die Angreifer als ‹Skythen› identifizieren zu können glaubte, auch von den Verteidigern benutzt wurden, überhaupt in Mitteleuropa weit verbreitet waren und keinesfalls nur von ‹Skythen› abgeschossen worden sein dürften. Welche geschichtlichen Vorgänge also wirklich hinter der Zerstörung der hallstattzeitlichen Höhensiedlungen im Ostalpenraum standen, entzieht sich unserer Kenntnis; die ‹Skythen› können wir jedenfalls nicht ohne weiteres dafür verantwortlich machen.

Die weite Verbreitung eines im Ursprung skythischen Pfeilspitzentyps, der aufgrund seiner Form besondere Durchschlagskraft besitzt, ist demnach nicht ethnisch zu deuten, sondern repräsentiert eine bewährte Waffe. Jeder Nachbar des Erfinders, der sie kennenlernt, wird sie in sein Arsenal aufgenommen haben – eine Art militärtechnische Akkulturation. Reste von Reflexbögen, die bei den Trägern der Vekerzug-Kultur an der Theiß ebenso wie bei den Nordschwarzmeerskythen geläufig waren, wurden in der Hallstattkultur dagegen offenbar nicht übernommen, was mit ihrer komplizierten Herstellung zusammenhängen dürfte. Entsprechendes gilt für theriomorphe Schildbeschläge oder tiergestaltige Stangenaufsätze (Kultgerät von Schamanen?), weil sie mit der charakteristischen geistig-religiösen Vorstellungswelt der Steppennomaden in Zusammenhang stehen, die sich von der der Hallstatt-Bevölkerung Mitteleuropas deutlich unterschieden haben dürfte.

Auch in den eisenzeitlichen Fundprovinzen Serbiens und Bosniens finden sich skythische Objekte, und stets handelt es sich dabei um Teile der Bewaffnung und der Pferdeschirrung. Sie begegnen in dem um 500 v. Chr. in den Boden gekommenen Fürstengrab von Atenica mit reicher Ausstattung, darunter auch griechischer Import und Edelmetallobjekte. Dies zeigt, welche soziale Schicht hier auf dem Westbalkan Zugang zu solchen Neuheiten hatte – die Führungseliten. Nicht anders verhält es sich in der südostalpinen Hallstattkultur in Slowenien, wo reiternomadische Elemente wieder nur in reicher ausgestatteten Gräbern des 6./5. Jh. v. Chr. vorkommen, sei es in Libna, Magdalenska gora oder Malence. Stets sind es dabei aber die einheimischen Krieger, denen diese Objekte beigegeben wurden, nicht jedoch skythische Kämpfer, die in der Ferne gefallen waren.

Ähnlich verhält es sich im Bereich der Lausitzer Kultur in Polen, einem Gebiet, das nordöstlich des nordpontischen ‹Skythien› liegt, von dem aus es entlang des Oberlaufes des Dnestr unschwer zu erreichen ist. Auch hier stieß man auf zahlreiche Objekte skythischen Charakters, an denen man die Anwesenheit skythischer Gruppen ablesen zu können glaubte. Den berühmten Goldfund aus dem schlesischen Vettersfelde (heute Witaszkowo), dessen vorzüglich gearbeitete Goldbleche einer griechischen Werkstatt an der Nordschwarzmeerküste entstammen müssen, hielt man für Teile des Grabes eines skythischen Heerführers, der bei Kriegszügen zu Tode gekommen sein soll, die ihn bis an die Oder geführt hätten.

Dabei übersah man, daß nahezu sämtliche skythischen Objekte aus dem Lausitzer Kulturgebiet in Gräbern der einheimischen Bevölkerung zum Vorschein kamen. Und eine genauere Betrachtung der Fundumstände des Vettersfelder Goldfundes zeigt ebenso wie eine jüngst dort durchgeführte Nachgrabung, daß es sich bei diesen Stücken eben nicht um die Reste eines skythischen Fürstengrabes, sondern um eine kultisch motivierte Deponierung innerhalb einer Niederlassung der Lausitzer Kultur handelte. Wie diese Lausitzer Bauern dabei zu den einzigartigen Goldarbeiten nordpontischen Ursprungs gelangten, entzieht sich unserer Kenntnis – die Erörterung entsprechender Möglichkeiten führt ins Reich der Spekulation.

Mögen also skythische Gruppen bzw. – richtiger formuliert – reiternomadische Verbände mit skythisch geprägter Sachkultur noch Transsilvanien und Ostungarn erreicht haben – bis in die Kernbereiche der Hallstatt- und der Lausitzer-Kultur gelangten sie nicht mehr. Dennoch wirkten sie auf letztere, wobei sich diese Wirkung aber in erster Linie auf die Rezeption waffen- und reittechnischer Neuerungen beschränkte.

Damit erreichten die Kulturveränderungen, die im späten 9. Jh. v. Chr. im südsibirischen Tuva ihren Ausgang nahmen, etwa zwei Jahrhunderte später auch den östlichen Rand Mitteleuropas. Von ‹Skythen› wird man für dieses riesige Gebiet mit seinen so unterschiedlich orientierten Teilregionen und den dort auch sichtbar werdenden Sonderentwicklungen nicht sprechen können. Der Skythenbegriff ist – auf diese Weite übertragen – nur chronologisch und kulturell zu definieren, wie dies in der Archäologie auch geschieht, nicht aber ethnisch. Dies ändert aber nichts daran, daß die Geschichte der ‹Skythen› – und ‹Skythen› ist hier als Synonym für früheisenzeitliche Reiterkriegernomaden des eurasischen Steppenraumes gemeint – erstmals eng die Geschicke Asiens und Europas verbindet. Vielleicht gingen ihnen andere voran, die wir nach Lage der historiographischen wie archäologischen Quellen nicht oder weniger gut einzuschätzen und zu identifizieren vermögen. Daß ihnen mit Sarmaten, Hunnen, Awaren, Mongolen und Türken etliche auf gleichen oder doch zumindest sehr ähnlichen Wegen folgten, ist dagegen eine geschichtliche Tatsache.

Literaturauswahl

Die nachfolgende Literaturauswahl konzentriert sich überwiegend auf dem deutschen Leser leicht zugängliche Werke.

Bunker, Emma; Kawami, Trudy S.; Linduff, Katheryn M.; Wu En: *Ancient Bronzes of the Eastern Eurasian Steppes from the Arthur M. Sackler Collections* (New York 1997). – Vorzüglicher Überblick über skythenzeitliche Fundgruppen auf chinesischem Territorium.

Eurasia Antiqua. Zeitschrift für Archäologie Eurasiens 1, 1995 ff. – Seit 1995 jährlich von der Eurasien-Abteilung des Deutschen Archäologischen Instituts in Berlin herausgegebenes Jahrbuch mit zahlreichen Beiträgen zur Archäologie der Skythen in deutscher Sprache.

Galanina, Ljudmila K.: *Die Kurgane von Kelermes. Königsgräber der frühskythischen Zeit.* Steppenvölker Eurasiens 1 (Moskau 1997). – Vorlage und Analyse der Altgrabungen in den berühmten frühskythischen Kurganen von Kelermes im Kuban-Gebiet.

Grakow, B. N.: *Die Skythen* (Berlin 1980). – Umfassender Überblick über die Skythen anhand schriftlicher und archäologischer Quellen, gut zu lesen, bleibt aber dem Forschungsstand der sowjetischen Zeit verhaftet.

Grjaznov, Michail P.: *Der Großkurgan von Aržan in Tuva, Südsibirien.* Materialien zur Allgemeinen und Vergleichenden Archäologie 23 (München 1984). – Umfänglicher Bericht über die Grabungen im bislang ältesten skythischen Fürstenkurgan.

Heidenreich, Heribert: *Die sibirische Tagar-Kultur. Ein Forschungsbericht.* Kleine Schriften aus dem Vorgeschichtlichen Seminar der Philipps-Universität Marburg 32 (Marburg 1990). – In deutscher Sprache verfaßter Überblick über die Skythenzeit im Minusinsker Becken, vor allem forschungsgeschichtlich interessant.

Ivantchik, Askold: *Kimmerier und Skythen. Kulturhistorische und chronologische Probleme der Archäologie der osteuropäischen Steppen und Kaukasiens in vor- und frühgeschichtlicher Zeit.* Steppenvölker Eurasiens 2 (Moskau 2001). – Widmet sich der Frage, inwieweit sich Kimmerier und Skythen archäologisch trennen lassen; für die früheste Geschichte der Skythen unerläßlich.

Jettmar, Karl: *Die frühen Steppenvölker* (Baden-Baden 1964). – Standardwerk zur Kultur und Kunst der Skythen, noch immer lesenswert.

Kossack, Georg: *Von den Anfängen des skytho-iranischen Tierstils.* In: Skythika. Bayerische Akademie der Wissenschaften, Philosophisch-Historische Klasse, Abhandlungen Neue Folge 98 (München 1987) 24–86. – Ausgesprochen scharfsinnige Analyse zur Entstehung und Entwicklung des skythischen Tierstils von Innerasien bis in den Nordschwarzmeerraum; setzt vom Leser Vorkenntnisse voraus.

Parzinger, Hermann: *Vettersfelde – Mundolsheim – Aspres-lès-Corps. Gedanken zu einem skythischen Fund im Lichte vergleichender Archäologie.* In: A. Lang, H. Parzinger, H. Küster (Hrsg.), Kulturen zwischen Ost und West (Berlin 1993) 203–238. – Vergleichend interpretierende Bewertung der skythischen Materialien in Mittel- und Osteuropa.

Parzinger, Hermann; Zajbert, Viktor; Nagler, Anatoli; Plešakov, Anatoli: *Der große Kurgan von Bajkara. Studien zu einem skythischen Heiligtum.* Archäologie in Eurasien 16 (Mainz 2003). – Bericht über die Ausgrabungen des ersten skythischen Großkurgans, der eine äußerst komplexe Geschichte als Heiligtum aufweist und in skythischer Zeit gar nicht für Bestattungen diente.

Rolle, Renate: *Totenkult der Skythen. Teil I, Das Steppengebiet.* Vorgeschichtliche Forschungen 18 (Berlin, New York 1979). – Ausführliche Betrachtung zu Grabbau und Totenritual der Skythen im Nordschwarzmeerraum.

Rolle, Renate; Murzin, Vjašeslav Ju.; Alekseev, Andrej Ju.: *Königskurgan Čertomlyk. Ein skythischer Grabhügel des 4. vorchristlichen Jahrhunderts.* Hamburger Forschungen zur Archäologie 1 (Mainz 1998). – Ausführlicher Bericht über die neueren Grabungen im Königskurgan von Čertomlyk.

Rostovtzeff, Michail: *The animal style in South Russia and China* (Princeton 1929). – Standardwerk über den skythischen Tierstil und seine chinesischen Vorbilder.

Rudenko, Sergej I.: *Der zweite Kurgan von Pasyryk* (Berlin 1951). – Deutschsprachige Veröffentlichung der ansonsten nur auf Russisch publizierten Grabungsergebnisse in Kurgan II von Pazyryk.

Schefold, Karl: *Der skythische Tierstil in Südrußland.* In: Eurasia Septentrionalis Antiqua 12, 1938, 1–79. – Äußerst treffliche Charakterisierung des skythischen Tierstils, selbst wenn die darin gebotenen Datierungen heute als teilweise überholt gelten dürfen.

Wiesner, Joseph: *Die Kulturen der frühen Reitervölker.* Studienausgaben zur Kulturgeschichte (Frankfurt a. M. 1973). – Guter und kompetenter Überblick über die Geschichte der Skythen, die im Vergleich mit anderen reiternomadischer Völkern späterer Zeit gesehen werden.

Abbildungsnachweis

Abb. 1: Nach M. P. Grjaznov, Der Großkurgan von Aržan in Tuva, Südsibirien. Materialien zur Allgemeinen und Vergleichenden Archäologie 23 (München 1984) Abb. 3; 11; 14; 25.

Abb. 2,1–4.6–11: Nach M. P. Grjaznov, Der Großkurgan von Aržan in Tuva, Südsibirien. Materialien zur Allgemeinen und Vergleichenden Archäologie 23 (München 1984) Abb. 29. – Abb. 2,5: Nach G. Kossack, Von den Anfängen des skytho-iranischen Tierstils. In: Skythika. Bayerische Akademie der Wissenschaften, Philosophisch-Historische Klasse, Abhandlungen Neue Folge 98 (München 1987) Abb. 8.

Abb. 3: Nach M. G. Moškova (Hrsg.), Stepnaja polosa Aziatskoj časti SSSR v skifo-sarmatskoe vremja. Archeologija SSSR (Moskva 1992) Taf. 88; 90–91.

Abb. 4: Nach M. G. Moškova (Hrsg.), Stepnaja polosa Aziatskoj časti SSSR v skifo-sarmatskoe vremja. Archeologija SSSR (Moskva 1992) Taf. 84–89.

Abb. 5,1.3.4: Nach S. I. Rudenko, Kul'tura naselenija Gornogo Altaja v skifskoe vremja (Moskva, Leningrad 1953). – Abb. 5,5: Nach S. I. Rudenko, Kul'tura naselenija Central'nogo Altaja (Moskva, Leningrad 1960). – Abb. 5,2: Nach N. V. Polos'mak, Vsadniki Ukoka (Novosibisk 2001) Abb. 125.

Abb. 6,1–2: Nach M. G. Moškova (Hrsg.), Stepnaja polosa Aziatskoj časti SSSR v skifo-sarmatskoe vremja. Archeologija SSSR (Moskva 1992) Taf. 64; 66. – Abb. 6,3–6: Nach N. V. Polos'mak, Vsadniki Ukoka (Novosibisk 2001) Abb. 95; 135; 151.

Abb. 7,1–3: Nach K. A. Akišev, Kurgan Issyk. Iskusstvo sakov Kazachstana (Moskva 1978) Abb. 5; 62–64. – Abb. 7,4–9: Nach M. G. Moškova (Hrsg.), Stepnaja polosa Aziatskoj časti SSSR v skifo-sarmatskoe vremja. Archeologija SSSR (Moskva 1992) Taf. 27. – Abb. 8: Nach M. G. Moškova (Hrsg.), Stepnaja polosa Aziatskoj časti SSSR v skifo-sarmatskoe vremja. Archeologija SSSR (Moskva 1992) Taf. 4–5.

Abb. 9,1.3.5.7: Nach B. N. Grakow, Die Skythen (Berlin 1980) Abb. 17; 46. – Abb. 9,2.4.6: Nach A. I. Meljukova (Hrsg.), Stepi evropejskoj časti SSSR v skifo-sarmatskoe vremja. Archeologija SSSR (Moskva 1989) Taf. 43; 45.

Abb. 10: Nach A. I. Meljukova (Hrsg.), Stepi evropejskoj časti SSSR v skifo-sarmatskoe vremja. Archeologija SSSR (Moskva 1989) Taf. 31–32; 36; 45.

Abb. 11: Nach A. I. Meljukova (Hrsg.), Stepi evropejskoj časti SSSR v skifo-sarmatskoe vremja. Archeologija SSSR (Moskva 1989) Taf. 49–50.

Abb. 12: Nach B. N. Grakow, Die Skythen (Berlin 1980) Abb. 13; 14; 35.

Abb. 13,1–2: Nach G. Kossack, Von den Anfängen des skytho-iranischen Tierstils. In: Skythika. Bayerische Akademie der Wissenschaften, Philosophisch-Historische Klasse, Abhandlungen Neue Folge 98 (München 1987) Abb. 4. – Abb. 13,3: Nach B. N. Grakow, Die Skythen (Berlin 1980) Abb. 34.

Karten: Angelika Solibieda, cartomedia, Karlsruhe.

Register